"十一五"国家重点图书出版规划项目

北京市社会科学理论著作出版基金重点资助项目

# 启功全集

## （修 订 版）

### 第 五 卷

序 跋

北京师范大学出版集团
BEIJING NORMAL UNIVERSITY PUBLISHING GROUP
北京师范大学出版社

**图书在版编目（CIP）数据**

启功全集（修订版）. 第5卷，序跋 / 启功著. —北京：北京师范大学出版社，2012.9
ISBN 978-7-303-14712-0

Ⅰ. ①启… Ⅱ. ①启… Ⅲ. ①启功（1912—2005）—文集 ②汉字—法书—作品集—中国—现代 Ⅳ. ①C53 ②J292.28

中国版本图书馆CIP数据核字（2012）第180965号

| | |
|---|---|
| 营 销 中 心 电 话 | 010–58802181 58805532 |
| 北师大出版社高等教育分社网 | http://gaojiao.bnup.com.cn |
| 电 子 信 箱 | beishida168@126.com |

QIGONG QUANJI

出版发行：北京师范大学出版社 www.bnup.com.cn
北京新街口外大街19号
邮政编码：100875

印　　刷：北京盛通印刷股份有限公司
经　　销：全国新华书店
开　　本：170 mm × 260 mm
印　　张：372.5
字　　数：5021千字
版　　次：2012年9月第1版
印　　次：2012年9月第1次印刷
总 定 价：2680.00元（全二十卷）

策划编辑：李　强　　责任编辑：李　强　郭　瑜　杨　帆
美术编辑：毛　佳　　装帧设计：李　强
责任校对：李　菡　　责任印制：李　啸

启功先生像

# 目 录

## 题跋辑

## 艺论辑

# 序文辑

# 短跋辑

题跋辑

# 秦泰山刻石残字跋

秦篆遗迹，唯存金石刻辞。今传石刻中，确出当时镌凿者，仅《琅琊台》及《泰山刻石》。《琅琊台》逐字剥蚀，全成方廓。《泰山》则断裂遗失，明、清数百年间，但存二十九字。雍、乾之际，二十九字忽又沉埋，再出仅余十字。于是获其旧拓者，遽相矜重。阮元、崇实俱以"泰华双碑"颜其馆，李文田以"泰华"名其楼，高邕以"泰山残石"名其楼，皆指此二十九字也。

友人世藏此本，蝉翼淡拓，锋锷不湮，披阅移时，令人神爽。近世出土秦时权、量颇多，而颂功刻石，只此一片可以摩挲辨读，什袭珍重，不亦宜乎？

宋大观间刘跂，字斯立，曾至岱顶摹秦刻石，撰为《泰山秦篆谱》，拓本不存，仅传其序。翁方纲《复初斋集》卷二十《跋秦篆》二首之二，先引《金石录》记刘谱之语，继云："即今所存二十九字。"是翁氏指今传之二十九字为刘跂谱中残石也。再后沿翁说者不具论。

按刘序云："余既得墨本，并得碑之形制以归，乃为此谱。大凡篆二百十有二，其可读者百四十有六，今亦作篆字书之。其毁灭不可见者七十有六，以《史记》之文足之注其下。谱成揭之壁间。"云云。观其所谓"今亦作篆字书之"者，知非翻摹原刻也。"以《史记》之文足之注其下"者，以真书补足其文也。其谱式殆如丛帖中缩摹秦刻石之类，而非郑文宝重刻峄山大字之类也。

翁集同卷又有跋《秦篆谱》一首云："刘斯立此谱，惟赖宋《庐山陈氏甲秀堂帖》所摹得传于世，《甲秀》跋语又已泐损，无有知是刘谱者。汉阳叶志诜东卿手拓其文，重勒于石"云云。是叶氏摹帖之前，翁氏亦不知刘谱如是也。又《甲秀堂帖》原题"庐江陈氏"，并非"庐山陈氏"，知翁氏亦并未见《甲秀堂帖》也。至《甲秀》所摹，是否径出刘谱，抑属展转翻得，固无确据。且《甲秀》并无所注之缺文，是否陈氏删削，亦无左证。惟叶氏推想刘谱应如此类，则真所谓"见过于师"者矣。

# 《郭太碑》跋

世人闻蔡邕能文，又尝撰碑颂，遂以汉世诸碑之撰者归之。于是辑《蔡中郎集》者抄集若干汉碑，无论其是否蔡作，咸纳其中。至同一人之碑，再出三出，虽文词重复，前后矛盾，不顾也。又闻蔡邕能书，曾写鸿都门下石经，于是汉世诸碑之书者又俱归之，虽书风歧异，年代乖舛，不顾也。

如《范式碑》赫然署青龙年号，而翁方纲亦委曲其说，必归之中郎而后已。至《郭太碑》为蔡文之较可信者，其书固不知谁何之笔，世人更必属之蔡邕而后快。当蔡邕之名沦浃既深，观者又必以符其心目中所悬之形状始为真笔，及见传称为蔡书之碑，与意中者有所不同，又复指摘瑕疵，判非原刻。正如西施遗骸，苟如长沙近出汉轪侯夫人之发肤完好，见者必载指顿足，斥其非真。叶公之见，本为自古之常情，殊不足怪也。

且唐以前书碑之役，不过书佐、典签等之职责，至唐世帝王亲自操觚，卑碑大碣，遂以名宦之笔增重，不知汉世固不如是。至石经之刻，指令既出帝王，文词复属经典，字迹贵在精审，不尽为书法之美也。且成于众手，并非通体蔡书，其与群碑之一手书丹者，又不能相提并论。以今出土之《熹平石经》诸残石观之，书体风格，每每不同，且无一石与世传蔡书诸碑相似者，然则何碑确为蔡书且不得知，况复辨其为真蔡伪蔡乎？

此本《郭太碑》虽已剪装，而全文不缺。无论其为原石，为重摹，吾观其体势端重，介乎《刘熊》《景君》之间，其为汉人面目，毫无可疑。藉使出于后人重摹，亦如唐摹晋帖，下真迹一等，况其未必果非原石乎？此石拓本流传，以济宁潘氏旧藏整幅未剪本为最，而山东出土之残泐本，文字仅存半截，世或疑其非原石。余以剪本校之，初不见其异同何在。原石俱原石，复刻同复刻。吾但见其为汉人隶书，而不暇析其毫末。且吾又知下室之真龙，固不美于叶公心雕目绘之龙也。

吾友孟君郁兄珍藏此本有年，出以相示。抵掌谈汉碑书人事，亦有会心，因书所谈者于册尾。

# 明拓《曹全碑》跋（一）

右明拓初断本《曹全碑》，"乾"字未穿，"悉"字未损，拓法精工，字神发越。前后有福山王氏藏印，褾工甚旧，殆即王氏得碑时所装。惜自"止右"至"德不"残失一百八十字，原装空页五开，页心嵌以素纸，似待获失字补入者。王靖宪同志偶得之于庆云堂，复觅旧拓片手自剪裁，粘入原空之页，天衣无缝，倍堪把玩。按王氏又藏未断本一册，藏印三方，与此册中者全同，可知如此初断本在七十年前已为金石家所重，今日观之，固应不在"秋"字《史晨碑》下矣。吾尝谓出土古碑每有完好无损者，盖刻后未久即遭沉埋，重出所拓，常更精于宋拓古刻，《曹全碑》即其一也。又昔之论书者但称此碑书体娟秀，一似不堪与群碑较其雄伟者。余曾放大观之，其体势开张，点画沉劲，远在《孔宙碑》之上，第以字迹稍小，刻法太精，且石无剥蚀，遂招此咎，夫岂汉代书手刻手始料所及哉！靖宪同志评碑详于书法刻工，每当会心，必相与拊掌，知于斯论，或不河汉也。

（一九七二年）

# 明拓《曹全碑》跋（二）

汉代碑刻，流传者富矣，字迹风格，变化极多。其刻工粗或剥泐重者，人每觉其古朴，石质细而刻工精者，世翻以秀美少之。今出土之竹木简椟，乃至帛书，竟无一似《张迁》之方折、《郙阁》之模糊者，其故不难立判。《曹全碑》不仅刊刻精善，字势亦实开张。试为放大观之，竟与《孔宙》相伯仲，而点画顿挫，且有《孔宙》所不及处。徒以字小而刻精，遂有以簪花格嘲之者，讵非求全之毁乎。

此碑未断拓本，传世者不过三数本而已。求得已断而"乾"字未穿者，亦足矜为善本。然碑估作伪，或于穿处填蜡而拓之，或以墨描拓纸，以充未穿者，亦可见真未穿者之为人争重矣。此本乃真实未穿之本，又经棱伽山民多次题识，其可宝爱，正不在未断本下也。

近世所见石墨，有棱伽山民题识者，罔非善本。而其身世翳如，人多未详，但知其姓顾氏，为刘彦冲弟子。余曾见吴缶翁《石交录》稿本，云山民姓顾氏，名曾寿，字辥翁，吴人。性孤介，能诗，工画。又每见其钤"子长"一印，殆即曾寿之字。然此册中甲子夏日一跋云：曾儿从上海买归，则山民又似为曾寿之父。顾氏藏帖中又常有"顾亮基""芸台"诸印，岂即山民之名与字耶，抑此地望之别号，父子俱曾用之，如宋眉山苏氏"老泉山人"者耶。疑莫能明，且待叩之吴中耆献。

又见山民著《不可必录》稿本，有未断本《曹全碑》，注云：万历时出土，旋断。又"乾"字未损本，注云：有阴，即此册。稿皆录其所藏善本，此外尚见数种焉。

（一九七七年）

# 汉二十四字吉语砖拓本跋

汉二十四吉语方砖，字作缪篆，文曰："富贵昌，宜宫堂，意气扬。宜弟兄，长相思，勿相忘。爵禄尊，寿万年。"所望奇奢，全同梦呓。余初以为相思勿忘，尚得由己。然自病眩以来，记忆锐减，俯仰之际，应对全非。如人思我，我已一无可思。如我思人，则兴念之后，转瞬已不知所思为谁某矣。惟砖文笔画平匀，方栏齐整，悬之壁间，可代图画，即作新开窗户观，亦无不可。因为《南乡子》一阕以赞之。赞曰：

八句甚堂皇，所望奇奢不可当。试问何人为此语？疯狂。即或相思哪得长。

拓片贴南墙，斗室平添半面妆。忽听儿童拍手叫，方窗。果似疏帘透日光。

（一九七四年）

9

# 《范式碑》跋

泛观汉碑书法，碑各一风，各随书人之意。逮至汉、魏之际，渐有定式。波磔斩截，如用褊笔划成，有造作之气。《孔羡碑》已开其先，《范式》《曹真》以至晋代碑碣之作汉隶体者，无不如此。盖汉碑书势是当时通行之体，汉末渐有圆便之真书，汉隶遂成旧体。非有定式，不足昭其典重。

譬之填词：在五代、两宋，只是口头歌曲。长短随人，字句无妨增减。及旧谱既不流行，词牌遂同铁案。有其当然，无其所以然矣。

时人用时法，操纵在己，故得左右逢源；后人效前法，体貌因人，易致按模脱墼，于是定型出而流弊见矣。顾又岂独书法然哉！

# 跋旧拓松江本《急就章》（一）

言章草者，首推《急就章》，世行惟松江碑本、《玉烟堂帖》本最著。《寐叟题跋》跋所藏旧拓《急就章》，号为玉烟堂祖石本，略谓"《急就章》松江本外，无第二刻本，而拓本难得。思元明书家，盛习章草，未必别无传刻，况玉烟搜罗旧刻以成，固明见香光叙文中，无庸疑也"云云。一似松江、玉烟之外，别有古本，窃寐思之，不获一见。其本后经沪上书坊影印行世，附残张芝帖三行，皇象帖九行，以校玉烟本，一一相同，安有古刻《急就章》，必附张皇之帖乎？寐叟之说，特一时兴到之语耳。近时松江本传拓复广，寐叟已不及见，持校玉烟本，笔势修短，点画肥瘦，以至阙文，不无吻合。知玉烟实出松江，只删其真书释文而已。盖松江本即香光所谓旧刻之一，而松江之外，尚未见其他古本流传。近出汉人木简残砖，存字过少，且俱为隶书，不能并论也。松江所据叶石林摹本，中有阙文，杨政以宋仲温临本补足之，而其第一、第二两章中阙字，及第十二章上下"箸"字，第廿一章"鹄"下"雁"字，第廿二章"瘕"下"瘀"字，尚末补全，岂宋代临本亦阙耶，抑杨氏遗之耶？总之，今日论《急就章》，必以能补松江本阙文，及笔法能存古意者，始为善本。《戏鸿堂帖》徐铉写本，仅刻十二行，卓氏自青榭藏宋仲温墨迹亦不全，《三希堂帖》有赵子昂写本，王静安先生《松江本急就章校记》，以为章草甚无法度，不似文敏书，盖明人摹本。顾此说乃指笔法而言，其字样尚在也。松江一、二两章阙字，固可据徐、赵二本及仲温墨迹以补之，而"着"字"雁"字"瘀"字，终无从补。藉使赵本果为明人所摹，亦足与宋仲温本颉颃矣。至于松江本虽称以叶石林摹本上石，真书释文笔法仍是明初二沈一派，章草亦无古劲之致。石林一跋，尤非宋人笔势。考杨政跋云："任公勉之，以摹仲温之本出示，遂临仿其缺者落者，以补其后。"则是宋临之本，又经杨氏再临，而其前帖，亦未必不经一再传摹，无宋人笔势，原无足异。其草体结构，固犹足考镜，学者模临，能参汉晋草书简牍笔法，则休明矩矱，庶几不远矣。

# 跋旧拓松江本《急就章》（二）

　　《急就篇》明正统间，吉水杨政摹刻残宋本于松江，当时传拓既尠，万历间已有翻本二种，《玉烟堂帖》翻其草书各章，集珍楼本则翻其真草全部。泰和馆本虽不知年月，但亦不出明代，足见其原刻之希觏矣。至清季松江拓本始渐出，五十年前上虞罗氏得新拓本印入《吉石盦丛书》。其后三原于氏得旧拓本，遂付影印，甚自矜异。今视孟东先生所藏此本，纸墨之美，拓法之精，又远在于氏本之上。功昔得明拓本，全碑只损一字，而墨痕湿重，远不如此较后精拓之神观爽朗也。况有松禅老人跋尾，复以细字详加批注，益以费西蠡氏之诗笺，更为生色。借观月余，附书管见，适有友人自沪上来，言松江碑石已毁矣。

（一九七六年）

# 跋旧拓松江本《急就章》（三）

　　此松江刻本《急就篇》旧拓本，其石在清代虽存，然拓本流传极少。李古余研讨草法，所见只《玉烟堂帖》本耳。光绪间翁叔平于潘伯寅家见一本，曾郑重乞求，其难得可知。其后上虞罗氏得一新拓本影印于《吉石盦丛书》，流传较广。更后三原于氏又影印单行本，而新拓亦渐出。世始习见松江原刻，然剥蚀已多，无复神彩。今闻碑石已毁，即新拓已足什袭，况此精旧之拓乎？此本为王仲荦先生所藏，出以见示，因借友人所藏翁跋本对勘，纸墨精神，毫无二致，足见其为百余年前毡蜡，是可珍也。

（一九七六年）

# 明集珍楼摹刻《急就篇》跋

　　唐摹《急就篇》,《宣和书谱》著录后,叶石林刻于颍昌,继有三衢刻本,尤㑪又刻之于《澄清堂帖》第十一卷,其本至今皆佚。

　　明正统间,吉水杨政摹刻残本于松江,其后摹刻本皆出于此。《玉烟堂帖》删其真书释文,泰和馆本伪加宣和诸印,并补其卷首诸缺字。独抱庐本翻刻为阳文书册之式,于翻本中为最下。

　　今又获见此集珍楼摹刻本,神彩与松江初拓本无异,在摹本中,实为上驷。惜当时帖故意在作伪,于帖首谬加"晋索靖书"四字标题,帖尾妄题"汉黄门令史游次韵"一行。"次韵"二字,盖袭周兴嗣《千字文》之语,而草法乖误,几不可识为何字。然去伪存真,其佳处固不可掩。

　　余曾获明拓松江本,全碑只损第廿三章中真书"礜"字,泰和馆本误作"矾",知其所据已为泐一字本。此本"礜"字点画无恙,可知所据为松江最初拓本。即此一字,即可傲诸翻刻,且足据松江晚拓之上游矣。

15

# 旧拓《瘗鹤铭》跋

世称金石之学有二派：王兰泉派重考证，翁覃溪派重赏鉴。余谓金石拓本亦有二类：其一类，拓时较早，字数偏多，上者可以助读文词，订正史实；次者可供夸扬珍异，炫诩收藏。其二类，则捶拓精到，纸墨调和。上者足助学书者判别刀锋，推寻笔迹；次者亦足使披阅者悦目怡心，存精寓赏。此二类各有一当，但视用者之意何居耳。

《瘗鹤铭》水激沙砻，殆及千载。即石未出水时，已无锋势可寻。况江涯施墨，淋漓沾湿，甚至某一点画，究在何处，有时尚难确指，更无论笔迹之秋纤向背矣。逮出水年久，复经剜剔，于是只余其石可信为南朝开凿者焉。忆李越缦有句云："名山如见六朝人。"摩挲此拓，如见陶隐居辈扪崖题字，六朝名胜，依稀在目，又遑计其存字之多少，点画之完阙乎！

# 题 《张猛龙碑》

古之铭石书，多故求方整，以示庄严，遂即形成相传之刊刻体。而简札书中手写体之弹性美，往往不可得见。其方不至于板滞，圆不失其庄严，每笔每字，时方时圆，或方或圆，相辅而成者，惟此碑得其妙。但仍是混合体，而非化合体。至唐之《醴泉铭》，则如盐入水，融合无间。刊刻体与手写体统一，庄严美与弹性美统一，故真书中，铭石之作，《张猛龙碑》为小成，《醴泉铭》为大成。以诗为喻，猛龙如谢朓、庾信，醴泉则如沈佺期、宋之问。谢、庾之作，渐成律体，而仍不免于失黏；沈、宋之作，格律成熟，并无碍于变化。且字体各有其用，世人习古之铭石书而施于简札，犹如燕寝著朝服，服者与观者俱不舒适也。

# 《张猛龙碑》跋

　　右魏《张猛龙碑》一册。蝉翼淡拓，字口分明。以校碑字诀证之，"冬温夏清"不损，"盖魏"二字不连，知为明拓善本。余以往所见明拓，有略早于此者，未有精于此者。惜自"之恤"起数行，原本失坠。前代藏家取稍后之精拓补足，并缀碑阴。纸墨拓工，俱堪颉顽。其碑阳补字中，有残泐数处，余据另一明拓淡墨本，以向拓之法足成之。此册去岁见之于厂肆，几经周折，时逾一年，始以旧帖七种易得之。因忆赵子固购《兰亭》，经三十三年，方得入手。入手仅四十日，竟以舟覆落水。登岸烘焙，亲为粘茸。手书长跋，自叹造物嫉其得宝。余今获此册，实较易于子固，甘取爨下之桐，庶几造物不嫉。而戒盈求阙之义，开帙得鉴。岂独书法超妙，毡蜡精工，为足益人神智已哉。夫孙子膑而史迁宫，犹足致庞涓死而汉武惧。今兹重合断璧，竟使余心动经年，夜眠不着，其余威盛烈，不亦概可见乎？其书者、刻者、拓者、装者，名氏虽不可知，然吾知其下泉倘得晤对，必将相与拊双掌，竖巨擘，欣然共庆，又获一异代赏音，曰启功元伯焉。而余之钩填浓淡，决眦于秋毫之末，神明焕然，旧观用以顿还者，又恨诸贤之不及见也。因为六绝句以赞之。诗曰：

　　　　　清颂碑流异代芳，真书天骨最开张。
　　　　　小人何处通温清，一字千金泪数行。


　　　　　数行古刻有余师，焦尾奇音续色丝。
　　　　　始识爨斋心独苦，兰亭出水补粘时。

世人哪得知其故，墨水池头日几临。
可望难追仙迹远，长松万仞石千寻。

江表巍然真逸铭，迢迢鲁郡得同声。
浮天鹤响禽鱼乐，大化无方四海行。

铭石庄严简札道，方圆合一费探求。
萧梁元魏先河在，结穴遥归大小欧。

出墨无端又入杨，前摹松雪后香光。
如今只爱张神冏，一剂强心健骨方。

# 淡拓《马鸣寺碑》跋

　　古碑初出土时，点画饱满，而拓手每潦草不精。迨石既刓敝，始以佳纸淡墨谨慎追取，得其半，已失其半，譬如五鼎之祭，莫及亲存矣。此碑未断本，今时尚或遇之，然无不墨痕狼籍。如以神彩爽快论，转有逊于断后者。厥初之当慎，又岂金石之道已哉。

（一九六三年）

# 初拓司马景和妻孟氏墓志跋

　　北朝书结字密而点画疏，后人每于乱头粗服中窥其消息，《石门铭》《孟氏志》其较著者也。此本捶拓既早，铺墨尤精，宜乎雪堂翁之著于簿录。世行影本，若王兰泉跋本、冯鱼山淡墨本，皆不及此。今归砚寿轩秘箧，足压邺侯三万签矣。此志石与《隋元公姬氏志》火后碎石，同在燕市人家，容光憔悴，等诸马骨，昔尝寓目，弥觉此初拓精本之堪珍重。

（一九七七年初）

# 日本影印智永《真草千字文》墨迹跋

　　日本藏《真草千字文》墨迹一本，乃唐时传去者，其笔锋墨彩，纤毫可见。证以陕刻及羣玉堂刻四十二行，益见墨迹之胜。此直是永师手迹，无容置疑。多见六朝隋唐遗墨，自知其真实不虚。乃内藤虎次郎氏跋不敢称为真迹，而谓之唐摹。又见其点画并非廓填，遂云"摹法已兼临写"。当真龙下室之时，作模棱两可之论。盖由法书希觏，人多对面不识耳。余既定之为当日浙东诸寺中八百本之一，因为七言二韵以赞之。赞曰：

　　　　永师真迹八百本，海东一卷逃劫灰。

　　　　儿童相见不相识，少小离乡老大回。

（一九七四年）

# 题怀仁集王羲之书《圣教序》

　　怀仁集王羲之书《圣教序》附《心经》，有功艺林，自无待言，其中拼凑偏旁，代用别字，亦人所共见，以其集书有不得已者也。惟有二事，殊不可解，而历来论此碑者，罕见言及：唐译佛经，对音用字，俱极精审。如"无"字之发音为闭口鼻音，而"南"字之尾音恰与衔接，故用"南无"而不用"那摩"也。"若"字之发声亦与"般"字之元音相接，故于"般若"用"般"而不用"波"，于"波罗"用"波"而不用"般"也。怀仁集书《心经》四句偈作"般罗揭谛，般罗僧揭谛"，于经咒对音用字，居然信手移易。此其一事也。经名《般若波罗蜜多心经》，"般若"者，华言智慧也。"波罗蜜多"者，华言到彼岸也。后世误以"多心"为词，遂有称"多心经"者。今观怀仁集书此经尾题作《般若多心经》，夫佛经固非无简称之例，如《妙法莲华经》之称《法华经》，《大般若波罗密经》之称《般若经》。如依例简称《般若心经》，固无可议，而多此一"多"，其意何居？乃知怀仁盖亦读作"多心经"者。此其二事也。余临此碑，非伊朝夕，习而不察。病榻读帖，偶见此隙，聊书所疑，以待就正方雅。

（一九七四年）

# 旧拓《升仙太子碑》跋

　　自秦汉以来，铭石之书，无论为篆为隶为真，皆取楷正之体，为使人易识也。自唐太宗以行书书《晋祠》《温泉》诸碑，遂开铭石书之变例。其后草书流行，视南朝为尤盛，士夫以之誊录文章，如孙过庭《书谱》是；僧侣以之钞撮经论，如敦煌所出法相宗诸论赞是；而武后遂以入石，《升仙太子碑》是也。惟其事无稽，其字难识，而碑竟获全，视《醴泉铭》之捶拓过多，几于没字者，翻多幸矣。此本纸墨甚旧，昔为武进陶君北溟所藏，今归渔阳孟君君郁，出以属题。陶君号称精鉴，署曰宋拓，当有所据也。

（一九七五年）

# 题唐李文墓志

　　李文墓志不著撰人书人名氏，其书，笔法秀美而骨力开张，是所谓褚派者，与明人刻唐写《西升经》绝相似，乃知登善之独擅其名者，特以官大耳。六朝以来谀墓之文，莫不远攀华胄，有时异常可笑。如此志云："聃浮气紫，膺泛舟轻。"俱以李姓，联为偶俪。然亦有隽语堪诵者，如："藏舟易往，隙马难留，薤露一朝，生平万古。"虽羌无故实，而不能不令人低回不置也。至于此本拓时之先，损字之少，永年先生考校已详，故不复赘。

（一九七六年）

25

# 《多宝塔碑》跋

　　《多宝塔碑》款署颜公，而字体与颜书诸碑俱不类，王元美云："不无佐史之恨。"盖疑其为吏人代笔也。吾见中唐人写经，卷外题签，笔力厚重，间隔紧密，每神肖此碑，知此必当时经生所书耳。唐人撰碑书碑，以官增重，后世铭旌之信手写某达官拜题，实滥觞于此。抑有进者，唐世初以官重，后世则以书家名大重，再后则以墨拓时早及碑毁佚重，而书之美恶，几于无关痛痒焉。又吾观唐世经生楷书手之字迹，笔墨流动，结构精严，常出碑上名家法度之外，益知当时书丹，藉重别有所在者矣。如惟书是论，《多宝塔碑》平易近人，持较颜公诸碑，固难及金天神祠题名等，但视《麻姑坛》《李元靖》，初无透爪穿龈之态，纵果出佐史经生，又何恨之有哉。然则元美眼中，依然有官无字也。此册"克嗣先业"，"克"字"口"中不泐。校碑者称为南宋拓本。质言之，当在金元之际，惜多蛀损。昔人以旧拓补其缺失，或一字之纸，两半拼成，装褫之工，亦堪叹赏。顾仍不免有缺而未补及误补重出之字。然藏弄临习，俱有足多者。君郁先生持以见示，因书鄙见如右，高明幸有以教之。

（一九七四年）

# 《僧端甫塔铭》跋

右旧拓柳公权书《僧端甫塔铭》，以相传校碑字诀证之，"超"字未损，拓时可及明初。柳书之合作，推其真书大字。煊赫之品，今惟存《神策军碑》及此《塔铭》，其余皆所不逮。《神策》意态偏秾，余更喜此铭多清疏之致。原石尚存西安碑林，但石面以久拓磨损，字迹仅存间架而已。此本点画无恙，血肉俱存，持比宋拓，略无轩轾。惟旧装曾经霉湿，数处纸质敝残，固无碍于临池赏玩也。手自粘缀，以待他日遇良工重加装治。

按僧端甫盖一梵僧之子，道行无闻。碑文出裴休手，休嗣法黄蘖希运，见于《景德传灯录》。所撰《圭峰宗密碑》，亦以文字为金汤。而郭宗昌评此《塔铭》，病其但述宠遇人主，倾动贵众，不知实独具阳秋也。其记端甫之惑时君，则曰"迎合上旨"；记其惑徒众，则曰"梦吞舍利"。寓意之微，已可见矣。夫舍利之事，佛典、僧传中固常有之，得者皆以虔敬自致其诚，未闻吞食能证佛果。实吞尚无补于得道，况梦吞乎？且白言梦吞，又谁见之？欺人之术亦云浅矣。

碑文又云："迎真骨于灵山，开法场于秘殿。"韩愈表谏，即为此事。余昔尝谓韩愈谏迎佛骨，首以年寿修短立论，未免门外之谈，宜无以胜僧家之辩。今按端甫之导宪宗，与其说梦无异，俱不离舍利一事，其于佛法，盖除舍利外，别无所知，以视韩愈，犹半斤之于八两。惟端甫售其欺，宪宗受其欺，何预韩愈之痛痒？乃知汲汲封章，如非沽名，定属好事耳。

柳公权书，史称其"体势劲媚"此论最为知言。但由传中曾记其对穆宗有"心正则笔正"一语，于是谈柳书者，人人拈此，一似此外一无足道者。夫书法之美恶，原与笔之欹正无关。公权不以笔法直告其君，而另引出心正笔正之说。若曰：吾笔既正，足证吾心之正。其自誉之术，亦云巧矣。按神策军腥彰史册，僧端甫佞比权奸，试问其书此二碑时，心在肺腑之间耶？抑在肘掖之后耶？昔米芾多见法书墨迹，屡称公权为丑怪恶札之祖，然则自诩为心笔俱正者，又何救于丑怪乎？吾但赏其体势劲媚，而不计其曾为丑怪恶札之祖。更赏此拓之神彩犹在，而不顾其纸敝墨渝也。

至于"大达""玄秘"诸称，吾所不取，必也正名，改题如右云。

赞曰：

> 端甫说梦欺痴愚，时君受惑堪轩渠。
>
> 吞舍利外一技无，梵僧之子黔之驴。
>
> 韩愈好事捋虎须，沽名取逐非冤诬。
>
> 依然列戟潮州居，毕竟遭殃惟鳄鱼。
>
> 裴休嗣法称佛徒，辩才每度骅骝趋。
>
> 斯文微婉无阿谀，阳秋独获衣中珠。
>
> 公权机巧工自誉，心正笔正何关书？
>
> 体势劲媚姿态殊，丑怪之祖吾不如。
>
> 精粘细校毫厘区，行观坐对枕卧俱。
>
> 当时人物同丘墟，残煤败楮成璠玙，
>
> 性命以之何其迂！

# 唐人写经残本四种合装卷跋

　　右唐人写经四段，都百九十六行。己卯春日，偶过厂肆，见装潢匠人，裁割断缺，将以背纸作画卷引首，谐价得之，合装一卷。其一使转隽利，体势肥阔，疑出开元、天宝以后。其二字画古劲，犹存六朝遗意，"世"字"愍"字，皆不缺笔。避讳缺其点画，始自高宗之世。此段纵非隋写，亦在显庆以前。其三格兼虞、褚，与昔见永徽年款者相似，惟圆润之中，骨力稍薄。其四结体生疏，非出能手，当是衲子之迹。而乱头粗服中，妙有颜平原法，不经意处，弥见天真。余结习难忘，酷耽书翰，凡石渠旧藏，私家秘笈，因缘所会，寓目已多。晋唐法帖，转折失于钩摹；南北名碑，面目成于斧凿。临池之士，苟不甘为枣石毡蜡所愚，则舍古人墨迹，无从参究笔诀。其确出唐人之手，好事家不视为难得之货者，惟写经残字耳。此卷饰背既成，出入怀袖，客座倦谈，讲肆暇晷，寂寥展对，神契千载之上，人笑其痴，我以为乐也。昔董思翁以唐写《灵飞经》质于陈增城，陈氏私割四十三行以为至宝。余今所得，四倍增城，而笔法之妙，不减《灵飞》，古缘清福，不已厚乎？赞曰：

　　羲文颉画，代有革迁。真书体势，定于唐贤。敦煌石室，丸泥剖矣。吉光片羽，遂散落乎大千。晴窗之下，日临一本，可蝉蜕而登仙。人弃我取，尤胜据舷。信千秋之真赏，不在金题玉躞；濡毫跋尾，殆自忘其媸妍也。

29

# 唐人写《金刚般若波罗蜜经》残卷跋

右唐人写《金刚般若波罗蜜经》一卷。首有断阙，尾损十五字，书体精妙，与世行影印邵杨李氏宝墨轩本相似，而笔势瘦健，殆尤过之。行间有朱笔句读，是曾经持诵者。己卯秋日，得之燕市海王邨畔。用宝晋题子敬帖韵为赞。赞曰：

虹光字字腾麻纸，六甲西升谁擅美。

李家残本此最似，佛力所被离火水。


缓步层台见举趾，日百回看益神智。

加持手泽不须洗，墨缘欲傲襄阳米。

# 唐人写经残卷跋

　　右唐人写《妙法莲华经》卷一《序品》后半《方便品》前半，共二百二十九行。硬黄纸本。前有"大兴乐氏考藏金石书画之记"朱文印。余以重值得之遵化秦氏。以书体断之，盖为初唐之迹。世字已有缺笔，当在高宗显庆以后耳。此卷笔法骨肉得中，意态飞动，足以抗颜欧、褚。在鸣沙遗墨中，实推上品。或曰：此经生俗书，何足贵乎？应之曰：自袁清容误题《灵飞经》为钟绍京，后世悉以经生为可大，虽精鉴如董香光，尚未能悟。夫绍京书家也，经生之笔，竟足以当之，然则经生之俗处何在？其与书家之别又何在？固非有真凭实据也。余生平所见唐人经卷，不可胜计。其颉顽名家碑版者更难指数。而墨迹之笔锋使转，墨华绚烂处，俱碑版中所绝不可见者。乃知古人之书托石刻以傅者，皆形在神亡，迥非真面矣。世既号写经为俗书，故久不为好事家所重，而其值甚廉。余今竟以卑辞厚币聘此残卷，正以先贤妙用，于斯可窥；古拓名高，徒成骏骨耳。赞曰：

墨沉欲流，纸光可照。
唐人见我，相视而笑。

# 宋人无款墨笔《辋川图》长卷跋

　　右宋人无款《辋川图》，长近三丈，纸质缜滑，墨彩湿润，笔力凝重，风格朴拙。多见宋人真迹，望而自知，特非出自最高手耳。款识题跋，一无复存。谛观其景物，与世传郭忠恕辋川粉本形模有相似处。因取《辋川集》证之，见所谓孟城坳、华子冈、文杏馆、斤竹岭、鹿柴、木兰柴、茱萸沜、宫槐陌、临湖亭、南垞、欹湖、柳浪、乐家濑、金屑泉、白石滩、北垞、竹里馆、辛夷坞、漆园、椒园等，游止之胜，于此卷中，班班可案。余平生阅《辋川图》，并石刻不下十余事，其妄署右丞真迹外，多题为郭恕先作。缅想最初粉本，园林法式，殆亦非全无依据。所惜展转临摹，改窜割裂，或伪托名家，或谬标异本，遂并图样源流，亦莫从征信。此卷乃无名之璞，非有意作伪者比。所写山庄池馆，有如飞鸟之图，蓝田别业之梗概，或者尚存于百一。尝谓倘就古画图中，桑田农圃，渔庄蟹舍，寺观楼台，舟车桥彴，考其结构，察其规模，罔非先民之生活史料。世习知人物故事画有关史实风俗，不知山水画亦何独山川草木足供卧游而已哉。余得此卷，每自诩不啻卞和、伯乐之识宝璞、名驹于荒山、皂枥之间。偶求书家题字，误遭遗落。友人见告，居然垂棘归来，嘉谊胜缘，亦有足纪者。斯图沉湮，七百余年，表而出之，得重显于世，盖自兹始。

（一九五八年）

# 秋碧堂刻黄山谷书阴长生诗跋

　　右真定梁氏秋碧堂刻本黄山谷书阴长生诗。此诗墨迹，字字剪开，缀凑成卷，见文衡山《甫田集》，云："必是大轴，经庸人装截。"其后又改装成册，见安麓村《墨缘汇观》。其辞句次序，各家所记，如都元敬《南濠居士文跋》、汪玉水《珊瑚网》，与此帖互有异同，殆各以己意诠次者。不见原迹，不知剪痕何若也。曲阜孔氏《玉虹鉴真帖》亦刻有此诗，字句与秋碧本相同，知梁氏以来，装裱次序如此。山谷自跋言："忠州丰都山仙都观朝金殿西壁有天成四年人书阴真君诗三章，余同年许少张以为真汉人文章也，以余考之，信然。"其原委见董迪《广川书跋》。广川云："酆都宫阴真人祠刻诗三章。唐贞元中刺史李贻孙书。元丰四年转运判官许安世即祠下尽阅其石，谓此三诗真阴氏作，如还丹等，皆后人托之。乃属知夔州吴师孟书。既成，送观中，于是尽破毁其余石，故今世不得传。余尝得旧石本，然独存此也。"山谷所见为天成四年人书，与贞元、元丰俱不合，不知歧异之故何在。亦不知少张是否许安世之字也。至于许安世谓此三诗真阴氏作者，乃较观中其他文字而言，谓还丹等为依托者也。山谷云："许少张以为真汉人文章。"又云："考之信然。"语成确凿，翻滋读者之惑。传述之难，有如此者。山谷此书乃赠王泸州之季子者。文衡山云："王泸州，名献可，字补之，时帅泸州，遣其少子至黔省山谷，故有是赠。"绍圣四年，山谷年五十又二。黄书全用柳诚悬法，而出以动宕，所谓字中有笔者，亦法书之特色也。柳书必大字始极其笔势，小字虽《金刚经》亦拘挛无胜处，黄书亦然。此帖用笔能尽笔心之力，结字能尽字心之势，亦书家之一秘焉。

（一九七六年）

33

# 赵子昂帖跋

此帖有"水晶宫道人"朱文长方印，因与友人谈此印，即书帖后。按《辍耕录》云：

> 吴兴之水晶宫不载图经，子昂有"水晶宫道人"印，周草窗以"玛瑙寺行者"对之，赵遂不用。后见草窗同郡崔进之药肆一牌曰"养生主药室"，乃以"敢死军医人"为对，进之亦不用此牌，子昂曰："吾今日才为水晶宫吐气。"

余每疑玛瑙寺行者有何可耻，遽至不复用可作对文之印？后阅《遂昌杂录》记温日观遗事云：

> 宋僧温日观，居葛岭玛瑙寺，人但知其画蒲桃，不知其善书。今世传蒲桃皆假，其真者，枝叶须梗皆草书法。酷嗜酒，杨总统以名酒啖之，终不一濡唇，见辄忿詈曰：掘坟贼，掘坟贼！惟鲜于伯机爱之，温时至其家，袖瓜啖其大龟，抱轩前支离叟，或歌或笑，每索汤沐浴，鲜于公必亲进澡豆，彼法所谓散圣者，其人也。

乃知玛瑙寺行者，即僧子温也。子温號日观，为宋遗民，佯狂自晦，元明人记其事者尚多。赵七司户久与掘坟贼同朝，见此唇不濡杨总统酒者，自有愧色。草窗亦宋遗民，特举此对文，殆亦有阳秋之意也。支离叟者，鲜于家一老松之名，《佩文韵府》"叟"字下引《研庄杂记》云："鲜于伯机尝于废圃中得怪松一株，移植斋前，呼为支离叟。"又陆心源刻《穰梨馆帖》卷七有《鲜于伯机书支离叟序》并诗草稿，首云"支离叟者，鲜于氏虎林新居之怪松也"云云。可见伯机虽仕元，而敬重子温，其心迹略可得而见矣。

# 明袁褧刻《阁帖》跋

此明嘉靖间吴郡袁褧摹刻《阁帖》，褧字尚之，号谢湖，吴人。亦尝摹刻古书善本，如《世说》《文选》等，所谓嘉趣堂本者也。

其所刻《阁帖》，流传甚少。嘉靖末，顾从义刻《阁帖》，号称翻自袁藏宋本。其后万历间潘允亮又刻之，亦称所据为袁藏宋本。五百年来，以袁刻罕传，世遂以顾、潘为善本。

按《阁帖》之历代摹本，贵在笔意可见。即或点画有失真处，亦必有情理可寻。翻刻如斯者，始为善本。试观顾本失之板钝，潘本失之含混。比而观之，顾氏所刻，直是袁氏摹本之再翻，未必出于袁藏宋本；潘氏所刻，虽胜于顾本，然较袁本，薄弱已多矣。

此帙十册无缺，稍有蛀损。首册所刻之"贾似道印"，为人以重墨涂去，"悦生"葫芦印，则用朱笔填画。幸末册所刻之"封"字印及"齐周密印章"五字小印未涂，各卷中之小字卷数、版数，亦尚有存者。第九册中"第九卷十四"一行，则又以墨涂去，映光视之，五字分明可见。第九册中另有"第九卷"三小字，则未涂去。帖后所刻元人周厚跋及袁褧短跋，俱割去，而以乌丝栏重写周跋，揆其用意，盖欲以充宋拓，不知安有宋拓而刻有封字、周密诸印者乎？

夫宋翻《阁帖》，间或有之，而袁刻全帙，今同星凤。余窃幸痼疾余生，见此完帙；亦幸此帙见余而得还其本来面目。友人见示属题，每册有旧签题曰"宋拓《阁帖》"，因郑重告之曰：此希有之珍本也，不以虚号宋拓为足荣，而以的确袁刻为可重也。因为改题，并书其后。

# 明拓泉州本《阁帖》跋

北宋时泉州有《阁帖》摹本，殆出市舶司所刻，其石南宋时在郡庠中，嘉定间，庄夏以旧石残损而重摹之。明初洪武间，常性增刻释文，此后翻本益多，有四十二泉之目，以其底本得真，故虽一再翻摹，而笔势风神，依稀尚在。嘉靖间吴门袁褧以贾似道藏《阁帖》重摹，其后顾从义、潘允亮继之，皆展转出于贾本，自是泉本之席，遂为所夺，再后肃藩本出，而袁、顾、潘三家刻本又复式微。此明代《阁帖》流传之大略也。此帙十册，为明拓泉本，虽非郡庠原石，而大字诸帖，神彩流动，惟其为庄氏刻本，抑为其他四十一泉中本，则不可知，泉帖源流，自孙承泽《闲者轩帖考》误记，后世承讹，遂迷真相。近代沈寐叟、张勺圃两先生考之最详，而泉帖公案，始获大白。北宋郡庠原石今传残本，涵芬楼曾影印行世，题曰"宋拓王右军书"，盖当时尚未知其为泉帖焉。一九七五年八月，湜华先生出示，乃十馀年前所获者，为鉴定题后，幸不以凡本视之。

（一九七五年）

# 题祝枝山草书杜诗《秋兴》八首卷后

右明祝允明枝山草书杜诗《秋兴》真迹一卷。祝书在明中叶声名藉甚，盖其时华亭二沈之风始衰，吴门书派继起，祝氏适当其会，遂有明代第一之目。至于今日，已近五百年矣，其得失盖有可得而言者？祝书学其外祖徐有贞，外舅李应祯，作小楷摹翻刻《黄庭经》《乐毅论》等，用笔误以倔僵为古朴，似连而断，功力未免虚抛。行书全似徐、李，结字用笔，心乏主宰，虽亦临古，鲜见销融。又喜作草书，纵横挥斥，当时人未见旭素之迹者，遂以颠醉许之。所期虽过，而祝氏于草书究似曾见黄山谷墨迹者。故其各体中，应推草书为最。然山谷自言："少时喜作草书，初不师承古人，但管中窥豹，稍稍推类及之。方事急时，便以意成，久之或不自识。"云云。知草书杜撰，昔贤亦所不免。祝书亦每以疏忽致字讹，或以迅疾致笔败，观者见其然，遂常指为伪迹，是未知其底蕴耳。曾见坊间影印草书《秋兴》一卷，乃同一年书于广州官舍者，又见草书《秋兴》卷，残存二首，文征明补书六首。知其所书《秋兴》甚多，殆如王献之之写《洛神赋》，人间合有数本者。当时半卷，文氏犹珍重补全，今此完璧，宁不更堪什袭也！因临一通，订其讹笔，并志于真迹之后。

（一九七六年）

# 题文征明书七绝小幅

石翁诗律号精成，老去还怜画掩名。

世论悠悠遗钵在，白头惭愧老门生。

右文征明七绝一首。沈石田长于文衡山四十岁，衡山师事之惟谨。每见所题沈画之语，无不肺挚动人。即此一首，亦不止一再书。此乃大册一开之对题，为人割去其画，市上轻其残缺，遂得入于我手。二十年来，旧蓄书画，斥卖已尽，独此小幅，尚存箧笥，盖深感石田翁以高文健笔，为一代宗工，身后且不免于悠悠之论。小子于此，能不知所愤悱。而衡山翁以头白门生，犹拳拳衣钵如此，是尤后学所堪敬慕者。每一展观，不忍遽置，又安敢任其失坠乎？此幅纪年癸卯，为嘉靖廿二年，衡山七十四岁。腕力遒劲，笔意流美可喜，然于此幅中抑其次焉者也。旧装零落，倩友人为之重加背饰，敬识赙池之右。

（一九七六年）

# 题伪作仇英《西园雅集图》

画有赝作，人所习知，然其中亦有等差。他人点染，自署姓名，是为代笔。揣摩名家，效其笔迹，是为伪作。以次等笔迹改易款字，以冒大家，是为割换。唐宋佳作，多无款识，后人妄题某家名字，捕风捉影，反成蛇足，是为添款。影摹名画，钩填款字，翻刻印章，以充原作，是为摹本。至于仿作中手笔亦有高下，如此卷款署仇英，而画出李士达，固不失为佳手用心之作。昔人云："买王得羊，不失所望。"又安得概以赝鼎斥之乎？所恨世之赝画，不能尽知出谁何之手耳。又余病中卧读戏鸿堂刻纨扇书《西园雅集图记》。不但苏字款识不类，即其文风亦颇不近元章。不忆米宪辑《宝晋山林集拾遗》中曾否收之。以语吾友徐邦达先生，邦达于北京图书馆藏善本书中检之。云，不但宋本《拾遗》所无，即通行之《宝晋英光集》中亦无此篇。盖昔有用米体小行书写此记于团扇上者，后人妄加苏字之款，其字独大，与前文不谐，可知其伪，世或据之以为米文耳。余私幸妄测之未谬，更服邦逮检书之勤，考校之密，附记于此。再观卷后文征明行书此记，笔力纤弱，与前段画图同出揣摩仿制者也，则苦不知书者为谁某矣。

（一九七四年）

# 题沈士充画卷

董其昌书画多代笔，以余所考，画之代笔人有赵左、赵洞、沈士充、释珂雪、吴振、吴易、杨继鹏、叶有年等。书之代笔人有吴易、杨继鹏。此仅为已知者，其未经发现者，尚不知凡几。董氏自作，在当时文人画中固未尝不具有别趣，若以画中理法衡之，则所作转未及代笔之合度。余少年学画，或谓笔致近董，临其自作诸迹，苦无所入，及累摹沈士充长卷，于是始获门径，而董笔与赵沈诸家之作，亦复犁然判于心目间。年逾五十，撰《董其昌书画代笔人考》一文，私谓此桩公案，庶几见其眉目。今观沈氏此卷，笔意班班可按，不啻忽遇久别故人，欣然书后，以志赏会之胜。

（一九七四年）

# 《詹东图玄览编》跋

《詹东图玄览编》久无足本，仅《佩文斋书画谱》卷九十九载一百六十二条，失名人撰《绘事杂录》载四百二十七条而已。近年发见明抄本《东图全集》共三十卷，前为诗文杂著二十六卷，其诗号《留都集》，末附《玄览编》四卷，此书今归中央研究院历史语言研究所，而故宫博物院尝抽抄《玄览》四卷。以《绘事杂录》曾载于《故宫周刊》，复摘《杂录》未收诸条补载于《周刊》中，惟次序既紊，真面遂失，且分期刊载，绎览不便，因据明抄本重付排印，以广流传，而还东图原书之旧。集中又有题跋三十八首，皆题书画碑帖之作，亦附录于后。

明抄《全集》，白棉纸蓝印界行，半页十行，行二十字，前有万历辛卯沔阳陈文烛序，道光元年刘燕庭题识，略云：是集《明史艺文志》及千顷堂黄氏、澹园焦氏、红雨楼徐氏诸家皆未著录，想传钞未广，世鲜知者。余得此本于大兴朱氏茮华唫馆，笥河先生督学皖江时所得者，洵秘笈也，云云。则其希觏可知。

抄本中字多讹误，如"嵇"姓作"稽"，"项元汴"作"元忭"，"李西涯"作"西崖"，"王摩诘"作"黄摩诘"之类，皆灼知其误，径为改正。其余可疑字句，一仍其旧。《佩文斋书画谱》各条多经删节，《绘事杂录》则抄辑较晚，虽据以比勘，而别列校记，慎密周详，皆同仁诸公之力为。

论画之文，不得不用术语，而东图习用之辞，又常异于今日之习用者。如"大、小斧劈皴法"之简称"大劈""小劈"，或称"劈斧"；"渲染之法”，有“沈”“汕”“洗”之称；“利家”或“力家”，明人每与“行家”对举，知与今俗所谓“外行”之义相同，吾尝于何元朗《四友斋丛说》及赵文度山水真迹题语中见之。其藏于某家，多称“藏某某”或“在某某”。周公谨《云烟过眼录》多省“录”字，读者于句读之际，稍涉参差，即生误解，并非尽属讹夺也。

集中旧有朱笔抹改处，其人似距东图不远。《玄览编》中则卷一第八条末增“果自云俗”一句，又卷二第五十九条末增“转卖与溪南吴中翰”云云十五字，又卷四第一百五十三条末增“不肖子盗卖与程问学”云云十四字。及前后改易人名、官名六处，似皆别据见闻。间或订正误字，大抵允当。惟画草之“芊芊”改为“竿竿”；“力家”一辞，改为“用力到家”。则以不误为误矣。今于前举九处，从其增改，并著于校记中。

东图书画既负盛名，鉴赏尤称巨擘。今日所见名迹，凡载在编中及有鉴定印记者，多属上驷。观其不薄马、夏，不斥吴小仙，持论能得其平。卷三自记鉴定五代升元阁石拓事，谓具眼在新安，不在吴门，以折王凤洲，皆足见不为吴中习气所囿。又如疑魏泰本《十七帖》墨迹为自石刻中摹出者，疑《荐季直表》为后人赝写，谓梅道人有学夏珪处，尤为卓见。

至若钟繇摹《正考父鼎铭》署款年代与钟不合，其伪无疑。元人冯子振屡奉元成宗之姊鲁国大长公主之命题跋书画，编中于冯称“国初人”，于“皇姊”提行抬写，误为明朝皇姊，又误损斋为徽宗，误姚怀珍为姚弥章。又谓郭乾晖画鹞学徽宗白鹰，不知郭为五代人，在徽宗之前，皆醇中之疵，不能为贤者讳也。

此编所记，不斤斤于款识印章，而详于笔墨法度。昔读张浦山《图画精意识》，以其备论画法得失，于书画著录体例中，独辟蹊径，赏鉴之道，始不堕于空谈，而能有益于学者。及见东图之书，则已先乎浦山矣。盖东图书画既精，闻见又博，其所论断，皆自甘苦中来，精辟如此，岂偶然哉。

一九四七年冬，启功

# 朱竹垞家书卷跋

　　右朱竹垞先生应博学鸿词科前后之家书一卷，长孺教授珍秘，出示命题。按有清起于辽左，每称以骑射为根本。然其所以垂世祚近三百年，恢华夏封圻数万里，乃至同光残局，尚持数十年者，莫不有书生之力在，初不尽关弓马焉。入关前则有达海、范文程；稍降，西域则圣祖亲征；金川台湾诸役，则有阿桂、姚启圣；下逮同光，则有曾、左。己未词科，实文治斡运之钧枢。惟自知天地古今之君，始知书生之有其用，亦清祚之所以绵延于元祚者也。昔宋太祖过"朱雀之门"，问"之"字何用，侍臣对以语助，宋太祖曰："之乎者也助得甚事。"庸讵知陆秀夫、文天祥能使赵氏块肉，无忝所生者，岂非"之乎者也"之助乎？竹垞早年曾参预复明之举，中岁之后，应鸿博之征。吏议以孔目待诏用，特简拔为检讨，置之史局，进而为南书房行走。后人曾无责竹垞失据而议圣祖失察者。盖征者应者相忘于大化之中，亦足觇夫时势已。史册无情，口碑有据，康熙之治，今更为人艳说，岂偶然哉！竹垞此卷，攸关论世如此，不徒以三百年文物为可贵也。

# 朱竹垞先生家书跋

　　右朱竹垞先生应博学鸿辞科前后之家报及昆田稻孙之家禀合装一卷，唐长孺先生得之厂肆，考索甚详。其稿尚未写入卷中，去岁夏日出以见示，并指示其中故实。参读诸札，益增向往。案有清起于辽左，每称以骑射为根本。然其所以垂世祚近三百年，恢华夏封圻数万里，乃至同光残局尚持数十年者，莫不有书生之力在，不尽关弓马焉。入关前则达海、范文程；稍降，则西域经圣武亲征；金川、台湾诸役，则阿桂、姚启圣；下迨同光则有曾、左。己未词科，实文治斡运之钧枢。惟自知天地古今之君，始知书生之有其用，亦爱新觉罗氏之所以绵延于奇渥温氏者也。昔宋太祖过朱雀门，见榜署"朱雀之门"，问"之"字何用？侍臣对以"语助"。宋太祖曰："之乎者也，助得甚事！"庸讵知陆秀夫、文天祥能使赵氏块肉无忝所生者，岂非之乎者也之助乎！竹垞早年曾参预复明之举，中岁之后应鸿博之征，吏议以孔目待诏用，特简拔为检讨，置之史局，进而为南书房行走。后人曾无责竹垞失据而议圣祖失察者，盖征者应者相忘于大化之中，亦足觇夫时势已。史册无情，口碑有据，康熙之治，今更为人艳说，岂偶然哉！竹垞此卷，攸关论世如此，不徒以三百年文物为足贵也。因题后以呈长孺先生，幸有以教之。

一九八〇年春日，启功

（此篇与上篇文字略异，附列于后）

# 朱竹垞《梧月词叙》手稿跋

　　右朱竹垞《梧月词叙》手稿一卷。竹垞早年参与复明之举，中岁之后，时势已非，乃应博学鸿辞之征，立文学侍从之列，亦新朝所需孔亟也。盖竹垞姓朱氏，却非前朝近派，而文章名重，为东南之望。收罗擢用，以示无私。钱牧斋清议党魁，亦学术权威。所撰《列朝诗集》，颐指文坛，俨然汝南月旦。欲树新帜以敌之，必赖名高之士。此《明诗综》之作，知必有所授意者。且从而可见牧斋虽衔璧纳款，其书早为当宁所忌，乾隆时之明加禁毁，乃事会所趋，由隐而显者耳。当政本渐固之时，即竹垞为用日轻之际，不待高淡人之倾轧，南书房已无可留之地焉。自古文人莫能自立，必凭附政局而为进退。竹垞之浮沉，正斯义之明证也。然其迹摈而身全，书传而名泰，康熙之治艳说于今，讵无故者哉！

45

# 成容若手札卷跋

右成容若先生德手札二十九通并诸名贤题跋一卷。武进赵药农教授所藏，嘱为鉴定，因跋其后曰：

容若先生，不得谓为叶河一部，康熙一朝之人也。其倚声之作，传诵至今，殆所谓有井水处，皆唱屯田。其学行，则其生平著述暨诸家所撰碑志具在，小子何容赘一辞。独念先生高才早世，遗墨流传，稀如星凤。每思披寻尺素，以寄仰止之思，而不可得。今见此卷，摩挲展读，其欣幸真有譬喻所不能尽者。

案诸札皆为张见阳者，见阳名纯修，字子敏，见阳其号也。隶汉军正白旗，世称其为渔阳人者，盖丰润驻防，京畿外八处驻防之一也。贡生，官至庐州知府。与容若交莫逆，读所刻《饮水词集》序，则其交谊，可概见焉。

见阳于康熙十八年己未知江华县，此卷第廿八、第廿九两札，皆寄湘中，即寄江华者。第廿九札云："渌水一樽，黯然言别。"当作于判袂之初，即己未年书，容若二十五岁；而第廿八札云："朝来坐渌水亭，正年时把酒分襟处。"又有"改岁以还"之语，则是翌年之书，容若二十六岁笔也。第廿二札为卢夫人举殡时书，夫人卒于何时无所考，惟《饮水集·沁园春序》云"丁巳重阳前三日，梦亡妇淡妆素服"云云，知在康熙十六年九月六日以前。又《金缕曲·亡妇忌日有感》，有"寒更雨歇，葬花天气"之句，则夫人之卒，殆在丁巳暮春，是年容若二十三岁。第廿三札与此札笺纸相同，言"日暮望付来手"，末暑期服。第

46

廿六札亦署期服，第十八札言"日晷不值，望以前所见者赐下"云云，知与第廿三札同时，而应次后。此四札盖作于康熙十六年暮春之后，翌年暮春之前，容若二十三四岁间所书者。第廿四札云："来笺甚佳，乞惠我少许。"而第三札暗花笺刊有"波涛流"三字及"张氏"小印，殆即乞得者，排次亦倒。第十九札言借耿都尉藏倪迂《溪山亭子图》事，是图载在吴升《大观录》，吴氏曾以耿氏藏印太繁为病，而称之为迂翁诸品中之大有力量者，容若鉴赏之韵，于斯可见。第廿九札纸角有"明阿哥"三字，盖收阅存录时所记，或即见阳之笔，可见当时仆从称呼。而容若又尝自署"来中"，见第四、第十七两札，亦世所未知者。

综观此卷，大抵无康熙庚申以后书。其装池率以纸色类从，颇多失序，倘假以时日，博参而详考之，则通卷次第，或不难厘定。

至于查皋亭、顾梁汾、胡存斋、秦留仙、沈恪庭、朱竹垞六家跋语，有当日铭诔之文所不能尽者，与诸札同为希世文献，虽黄金白璧，讵足当之！

若夫韵语之道，固不佞所好，而尝学为之者，然黄鹤楼头，不敢题诗也。

47

## （附）成容若与张见阳二十九札

### 第一札

前求镌图书，内有欲镌"藕渔"二字者。若已经镌就则已，倘未动笔，望改篆"草堂"二字。至嘱，至嘱！茅屋尚未营成，俟葺补已就，当竭诚邀驾作一日剧谈耳。但恨无佳茗供啜也。平子望致意。不宣。成德顿首。初四日。

"卿自见其朱门，贫道如游蓬户。"容兄因仆作此语，构此见招，有诗刻《饮水集》中，适睹此札，为之三叹！贞观（此四十字为顾贞观题跋）。

### 第二札

前来章甚佳，足称名手。然自愚观之，刀锋尚隐，未觉苍劲耳。但镌法自有家数，不可执一而论，造其极可也。日者竭力构求旧冻，以供平子之镌，尚未如愿。今将所有寿山几方，敢求渠篆之。石甚粗粝，且未磨就，并希细致之为感。叠承雅惠，谢何可言！特此，不备，十七日成德顿首。石共十方，其欲刻字样，俱书于上。又拜。

### 第三札

前托济公一事，乞命使促之。夜来微雨西风，亦春来头一次光景。今朝霁色，亦复可爱。恨无好句以酬之，奈何，奈何！平子竟不来，是何意思？成德顿首。

### 第四札

两日体中大安否？弟于昨日忽患头痛，喉肿。今日略差，尚未痊愈也。道兄体中大好，或于一二日内过荒斋一谈，何如，何如？特此，不一。来中顿首。更有一要语，为老师事，欲商酌。又拜。

### 第五札

厅联书上，甚愧不堪。昨竟大饱而归，又承吾哥不以贵游相待，而以朋友待之，真不啻既饱以德也。谢谢！此真知我者也。当图一知己之报于吾哥之前，然不得以寻常酬答目之。一人知己，可以无恨，余与张子，有同心矣。此启，不一。成德顿首。十二月岁除前二日。因无大图章，竟不曾用。

### 第六札

一二日间，可能过我，张子由书三弟像，望转索付来手。诸子及悉，特此。成德顿首。七月四日。

### 第七札

素公小照奉到，幸简入，简人！诸容再布，不尽。成德顿首。七月十一日。

### 第八札

久未晤面，怀想甚切也，想已返辔津门矣。奚汇升可令其于一二日间过弟处。感甚，感甚！海色烟波，宁无新作？并望教我。十月十八日，成德顿首。

### 第九札

姚老师已来都门矣，吾哥何不于日斜过我？不尽。成德顿首。三月既日。

### 第十札

花马病尚未愈，恐食言，昨故令带去。明早家大人扈驾往西山，他马不能应命，或竟骑去亦可。文书已悉，不宣。成德顿首。

### 第十一札

德白：比来未晤，甚念。平子兄幸嘱其一二日内拨冗过我为祷。此启，不尽。初四日，德顿首。并欲携刀笔来，有数石可镌也。如何？

### 第十二札

天津之行，可能果否？斗科望速抄出见示。聚红杯乞付来手。三令弟小照亦检发，至感，至感！特此，不一。成德顿首。

### 第十三札

前正以风甚不得相过为憾，值此好风日，明早准拟同诸兄并骑而来，奈又属入直之期，万不得脱身。中心向往，不可言喻。另日奉屈过小圃，快晤终日，以续此缘，何如？见阳道兄。成德顿首。

### 第十四札

箭决原付小力奉上，因早间偶失检察，竟致空手往还，可笑甚矣。今特命役驰到，幸并存之。书祈于明后日即取至，则感高爱于无量也。晤期再报，不一。成德顿首。见阳道兄足下。

### 第十五札

来物甚佳，渠索价几何？欲倾囊易也。弟另觅鳅角，尚欲转烦茂公等再为之，未审如何？先此复，不尽，不尽。初四日。成德顿首。

### 第十六札

周、伊二人昨竟不来，不知何意？先生幸促之。诸容面悉，不尽。七月七日。成德顿首。见阳道兄足下。

### 第十七札

令弟小照可谓逼肖，然妆点未免少俗耳。吾哥似少不像，而秋水红叶，可无遗憾也。一两日可能过我？特此，不尽。来中顿首。

### 第十八札

日暮不值，望以前所见者赐下，否则俱不必耳。恃在道义相照，故如是贪鄙也。平子已托六公，如何竟有舛谬？俟再订之。诸不悉。成德顿首。

### 第十九札

倪迂《溪山亭子》乃借耿都尉者，顷已送还，俟翌日再借奉鉴耳。四画若得司农慨然发鉴，当邀驾过共赏也。率覆，不一。弟德顿首。

### 第二十札

箭决二，谨遣力驰上。其物甚鄙，祈并存之为感！所言书幸于明朝即令纪纲往取。晤期俟再订。不尽。弟成德顿首。见阳道兄足下。

### 第二十一札

欹斜一径入，门向夕阳边。何必堪娱赏，凋零自可怜。松寒疑有雪，僧老不知年。只合千峰上，长吟看月圆。《戒坛》。

### 第二十二札

亡妇柩决于十二日行矣，生死殊途，一别如雨。此后但以浊酒浇坟土，洒酸泪，以当一面耳。嗟夫，悲矣！《澹庵画册》附去，《宋人小说》明晨望送来。成德顿首。

### 第二十三札

日暮望即付来手，诸容另布，不一。期弟成德顿首。见阳道长兄。

### 第二十四札

正因数日不见，怀想甚切，不道驾在津门也。海上风烟，想大可观，有新作，归来即望示我。来笺甚佳，乞惠我少许，尊使还，草此奉覆。不尽，不尽。十月五日。成德顿首。

### 第二十五札

明晨欲过尊斋，同往慈仁松下，未审尊意如何？特此，不一。成德顿首。

### 第二十六札

连日未晤，念甚。黄子久手卷借来一看，诸不一。期小弟成德顿首。

### 第二十七札

比日未奉教诲，何任思慕。前所云表帖张庆美，幸致其过荒斋。奚汇升亦遣其过我。秋色满阶，忽有迅雷，斯亦奇也，不知司天者亦有占验否？此上。不尽，不尽。九月十三日，成德顿首。《从友人乞秋葵种》一绝呈教：空庭脉脉夕阳斜，浊酒盈樽对晚鸦。添取一般秋意味，墙阴小种断肠花。

### 第二十八札

四月廿一日成德白：朝来坐渌水亭，风花乱飞，烟柳如织，则正年时把酒分襟之处也。人生几何，堪此离别？湖南草绿，凄咽同之矣。改岁以还，想风土渐宜，起居安适。惟是地方兵燹之后，兴除利弊，动费贤令一番精神。古人有践历华要，犹恨不为亲民之官，得展其志愿者。勉旃，勉旃！勿谓枳棘非鸾凤所栖也。蕞尔荒残，料无脂腻可点清白，但一从世俗起见，则进取既急，逢迎必工，百炼刚自化为绕指柔。我辈相期，定不在是。兄之自爱，深于弟之爱兄，更无足为兄虑者。至长安中，烟海浩浩，九衢昼昏，元规尘污，非便面可却。以弟视之，正复支公所云"卿自见其朱门，贫道如游蓬户"耳。诗酒琴人，例多薄命，非为旷达，妄拟高流。顷蒙远存，聊悉鄙念。来扇并粗筵写寄，笔墨芜率，不足置怀袖间。穆如之清，藉此奉扬。楚云燕树，宛然披拂，或暂忘其侧身沾臆也。努力珍重！书不尽言。成德顿首。

### 第二十九札

成德白：渌水一樽，黯然言别，渐行渐远，执手何期？心逐去帆，与江流俱转，谅知己同此眷切也。衡阳无雁，音问久疏。忽捧长笺，正如身过临邛，与我故人琴酒相对。乡心旅况，备极凄其。人生有情，能不惆怅。念古来名士多以百里起家者，愿足下勿薄一官，他日循吏传中，藉君姓名，增我光宠。种种自当留意，乃劳谆嘱耶？鄙性爱闲，近

51

苦鹿鹿。东华软红尘，祇应埋没慧男子锦心绣肠，仆本疏慵，哪能堪此。家大人以下，仗庇安和，承念并谢。沅湘以南，古称清绝，美人香草，犹有存为者乎？长短句固骚之苗裔也，暇日当制小词奉寄，烦呼三闾弟子，为成生荐一瓣香，甚幸。邮便率勒，不尽依驰。成德顿首。

## 原卷后当时名人题跋

向从朱供奉竹垞、姜征君西溟辈得悉容若风雅，以未经抵接为恨。壬申秋从见阳署中始睹其笔札，把玩不能释。见阳与容若为莫逆交，生平唱酬最密。于其殁后，既刻其《饮水诗》，复集其往还尺牍，哀然成卷。世之览者，不独想见风流，亦当有感于交道也。皋亭查嗣韩。

每与人言容若佳处，闻者或以为过情，要是其人未识容若耳。若曾相识，则其佳处尚不尽于吾辈所言也。今观诸札，与见阳爱重若此，知容若，并可知见阳。而容若已不可复作矣，惜哉！梁溪同学顾贞观识。

余向栖迟郎署者八年，未尝一识容若。间有言及者，亦止道其声华焂奕，才思藻丽而已。及乞休后，寓居锡山，日与梁汾舍人对，始悉其为人。虽处华胙，而律己甚严。虽风云月露，不废拈毫。而留心当世之务，不屑屑以文字名世。今观见阳张君集其往复书札，胸中笔下，都无点尘，而用意尤极深厚，则其人之生平，益信梁汾之言为不虚矣。惜乎天不假之年，使赍志以殁，岂天之所赋，亦有靳有不靳耶？吁！若容若者，正不必以年传也。癸酉孟夏，武陵存斋胡献征跋。

人谓容若贵公子耳，稍知之者，目为才人已耳。不知其志洁，其行芳，不但不以贵公子自居，并不肯以才人自安也。此与见阳先生往来手札，观其于朋友间，肫笃如此，亦岂今人所有哉！至其辞翰工妙，有目共见，又不待言也。见阳哀集成卷，宝爱如拱璧，其知容若深矣。梁溪同学秦松龄跋。

容若先生素未谋面，然诗文翰墨，饶有风雅之誉，心窃慕之。见翁世叔于胥江舟次出其手札一卷，阅之不能释手。大抵非常之人，自分必传，不遇真知己，虽一言半字，不肯浪掷。独与见翁往还尺牍如许，殆知己无过之者，宜其什袭藏之，出处必携也。狮峰居士沈宗敬手识。

平生之交，赤牍竿疏，推曹侍郎秋岳第一。此外则容若侍卫，书记翩翩，天然绝俗。侍郎里居，日必有札及余，或再三至。每过余，见杂置几案，辄戒余投瓮火之。乡里后进，有缉侍郎赤牍单行者，寓余诸札，独无有也。容若好填小词，有作必先见寄。红笺小叠，正复不少。迨己丑逝后，余浮湛都市，人海波涛，转徙者数，欲求断楮零墨，邈不可得。见阳张郡伯乃一一藏之，装池成卷，足以见生死交情之重矣。小长芦金风亭长朱彝尊书于白门之承恩僧舍，时年七十有六。

（附录）

《和容若秋夜词在通潞作》：

> 倦柳愁荷陂十里，一丝雁络晴空。酸鸡渐逼小亭中。鱼云难掩月，豆叶易吟风。
>
> 才子年来相忆数，经秋离思安穷。新词题就蜀笺红。雪儿催未付，先寄玉河东。

《郊游联句·调浣溪沙》：

> 出郭寻春春已阑（宜兴陈维崧其年），东风吹面不成寒（无锡秦松龄留仙），青村几曲到西山（无锡严绳孙荪友）。
>
> 并马未须愁路远（慈溪姜宸英西溟），看花且莫放杯闲（彝尊），人生别易会常难（成德）。

# 《楝亭夜话图》跋

　　曹子清、施南堂、张见阳于楝亭夜话，各赋古诗纪事，见阳作图，曹诗言及纳兰容若，后有顾梁汾、王安节、宓草兄弟诸跋。李佳莲畦旧藏。有跋，今藏番禺叶氏。

　　法书名画，昔人每以三品论之，盖谓"神"与"妙"与"能"也，窃尝以为未尽。夫徒侈高名，康瓠为宝，所谓骨董羹，只供好事家陈设者，下品也。笔精墨妙，足豁心目者，中品也。或以见先贤之行谊，或以测艺海之渊源，文献堪征，展卷如与古人相悟语，则无论零缣断墨，罔非上品。况诸贤手迹，萃于一轴，如斯卷者乎？近年见楝亭图四巨卷，及饮水词人致张见阳手札廿九通，顾梁汾等六家跋尾，诸贤交谊之笃，俱足为此卷本事注脚。此卷曹施诸题，俱未纪年。容若卒于康熙廿四年乙丑，而楝亭夜话，触绪伤怀，所谓"家家争唱饮水词，纳兰心事几曾知"，则其时当在乙丑之后，王宓草跋差后。署年丁丑，实康熙卅六年，则夜话胜事，盖在乙丁十一年间也。姜芭贻题云："今日文官不爱钱，无如庐江刺史贤。更有浔江廉太守，水部文章称三友。"（按庐江指张，浔江指施，水部指曹。）则见阳清节，当日不亚施公，此尤亟当拈出者。遌翁先生宝此有年，一再题识，俱关掌故，间出命题，谨志获观之幸。

# 张见阳画云山袖卷跋

米元晖墨戏，所谓无根树、懵懂云者，在画道中，实为剧变。流传诸迹，自以《云山得意图》为上乘，见阳不以画名，此临米家山，楚江云物，宛然在目。盖其胸襟蕴蓄，不减敷文，发于笔墨，故能沉着痛快如此。观于顾梁汾跋，知此殆画赠沈狮峰者。昔见纳兰容若致见阳廿九札卷，有狮峰跋尾，称见阳为世叔，盖不独画禅之同参，且为世好也。江村高氏自编收藏书画《消夏录》外，又有《江村书画目》者，中有见阳山水，标题称明张见阳，足见其六法高古，远出并时名家之表，遂使赏鉴宗工如江村者，误为前代名手。亦以见贤者藏名，不自炫襮，乃于当朝权贵如江村者，竟无声气之通，其画品高逸，岂无故哉。此卷遏翁先生世藏，与《楝亭夜话图》允称双璧，同日获观，敬识卷尾。

# 诒晋斋书《小园赋》卷跋

  诒晋斋书，发源松雪，中年以后，于懋勤殿获见米元章蜀素卷，故行书直追之。晚年楷书力摹欧书《邕师塔铭》，每以严整自矜，盖俱有意破初年所染松雪积习。然甜软之习，实在于赵书赝作中，而真迹固不尔也。此《小园赋》钤"再壬申以后书"印，腕下犹有赵习，而旨趋瘦硬，是正六十以后初循欧路之时所作。费屺怀旧藏，签题犹在。此等卷在光绪时，通行市价皆值百两，今为砚寿轩中清玩，信可珍也。

（一九七六年）

# 题刘石庵书小楷袖卷

刘石庵书以官传，然其半寸以下之楷书亦颇受人珍重。盖卷折功深，而未能自修边幅，甚者偃蹇骄恣，以致翻得剥剥落落之趣。王梦楼谓其书出自家学，传刘文正统勋笔法，其说至确。石庵虽亦杂题临钟王、仿颜柳，俱不过用乃翁笔意写各帖文而已。又喜用重墨，故所书生纸则笔致涩，笺纸则墨光显。此卷用旧笺书小楷，故是合作。且袖珍小卷，极便展阅，尤可珍也。今归锲不舍斋插架，信为得所。

（一九七六年）

57

# 题张廉卿书诗册

张廉卿书，吾初病其斧凿痕太甚，如观吞刀吐火，使人心悸不怡。继见其未尝无沉着痛快处，如听口吃人诉冤，虽期期艾艾，亦自有其情理在。近又觉其盲行跛履，纵或自如，以视长驱阔步者，终自有别。盖当时罕见古人墨迹，书家误为刀痕所惑，欲以毛锥奏利刃之功，宜其以僵直为庄重，以喑哑为沉默也。此行书诗册，亦一时之文献。中石先生出以索题，因书管见，以发方家一笑。

（一九七五年）

# 明高遯山《竹谱》摹本跋

书画传世，多托缣素，而缣素之寿，不比金石，必有赖于临摹为之续命。法书向拓，世所习闻，不知古画亦有摹揭之法，张彦远《历代名画记》述之最详。然其法甚难，天水之世，殆已就湮。下逮朱明，木刻精能，远迈宋元板刻之上。颜色套板，尤具巧思，画谱诗笺，有功艺苑。顾套板之制法实繁，通行仍多一色墨板，以省工力，而画笔之层次，则泯没不可寻绎焉。吾友王邈安先生，深研六法，得诸慈训，探讨历朝画论，直造精微。近草专书数十万言，于画法源流得失，如烛照数计，搜罗论画书籍，尤富且精。偶从藏家借得高氏《竹谱》，遂以向拓之法，摹成墨本，复以双钩之法，别其枝叶掩映之序。于是唐贤坠绪，复获然灯；明匠遗型，重开生面，岂影抄书、粉本画所可同日而语哉。爱宾云：承平之时，此道甚行；艰难之后，斯事渐废。邈安独于此时，心藏铅椠，目辨毫厘，清福墨缘，讵非天授。仆则碌碌研田，救死而恐不赡，有志放笔画竹，手把斯编，竟无暇摹一稿本。乃悟古人绝技废失之故，岂尽由学者惰于传习哉，不禁为之重歔而累叹也。

（一九四三年）

# 寒玉堂草书诗卷跋

　　吾宗老心畬公早岁读书西山别业，从湘僧海印法师永光游，师工五言，宗陶、谢、王、韦，书笔洒落疏宕，别具蹊径，故公之诗格书风，当时俱酷似之。曾影印手写《西山集》诗稿，公自谓少作者，正海印法乳也。中岁好草书，临石刻《书谱》，不契。旁涉诸家，得《墨妙轩帖》，有署过庭款字之《草书千文》，盖宋人王逸老书，龙蛇飞舞，固妙迹也。草法于是大进。后得见《书谱》墨迹，语功云：《书谱》实多章草笔势，石刻中所不能见。公书至此，又一境矣。邸中旧藏法书剧迹本富，而怀素《苦笋》尤资草圣之助。尝手自双钩入石，又复向拓数本，足征寝馈之深。公饶膂力，能挽强弓，故腕力过人，惟捉笔太紧，管近掌心，且运转迅疾，当波磔急收处，有时毫已离纸，而执笔凌空，犹作振抖余势，观者惊奇，公亦举首相视，开口一笑焉。楷书初学《玄秘塔碑》，继摹《圭峰碑》，后专宗诒晋斋之方整一体。行书时临米赵，而骨相权奇，无一庸笔。此卷书于癸酉年，时居邸后萃锦园，正功晨夕登寒玉堂执艺请益时也。公相见好谈诗、谈书，不甚谈画，而于画于诗，又俱以空灵为主。画法早师黄子久、董香光，后东游日本，多见马夏之迹，邸藏无款宋人画卷，锐意临摹，遂开生面。于诗力主唐人，尤尊王、韦诸家，最嘲宋派。尝讶曰："他们竟自学陈后山。"言下大噱。而不薄西崑，曾书《落叶》四律见贻，凄艳之中，有清刚之气。沧趣老人语人云："儒二爷作那空唐诗。"闻者失笑。盖摹古而多用现成语，说门面话，未始非贤者之一眚。计睽违至今，已十余寒暑，偶于市肆见此卷，实公精力弥满时之得意笔，因罄囊购之。过是则酬应日繁，无此爽气。公为海印刻遗诗《碧湖集》，亦此二三年间事，可见瓣香之拈，终始不渝也。灯下展卷，追忆前尘，不啻梦影。距公书此卷时，已二十六年矣。信笔记之，不自觉其琐琐。岁次己亥，霜降骤寒，头眩正剧，书不成字。

（一九五九年）

# 友人钢笔临郑板桥字册跋

　　吾读翁松禅《瓶庐丛稿》卷三有《连聪肃文冲钢笔临华山张迁爨宝子碑跋》一篇，云："此蝌蚪漆书遗法也。自丰狐秋兔出，而《急就》奇觚，不过纯绵裹铁而已。天隐子出新意以钢管作书，其劲直之气，足与此笔相发。伟哉巨观也。自愧奴书，不堪题尾。"按此跋虽未详述钢笔之形制，观于所临诸碑，固皆点画方严之体，意其笔头殆是扁方之式，故写出字迹，足与刀刊碑文相追逐，昔金冬心每以扁笔效《天发神谶碑》，世或指为学漆书，连氏书吾虽未见，然知冬心之以笔追刀，必不如以钢追刀之易也。故翁云劲直，云伟观，云自愧奴书，定非泛泛谦词，实为学碑版刀书者所必生之羡慕也。今田原同志自削竹签，蘸墨作字。如西洋古代之用鹅翎，又如少数民族之用竹笔，以之作真行篆隶，无不如志，有时亦以世行之钢笔屈其尖而转侧用之。其点画之秾织提按，一一与毛笔无殊。为余临郑板桥书三册，浏漓顿挫，观者莫知其笔之为竹为钢也。而吾所叹服者，既在其使竹使钢无异于使毫，且更在其不临汉不临爨，而临板桥之镕草真行隶于一炉者。其难盖百倍于以毫摹刀，十倍于以钢摹刀者矣。书此以质学书之通古而能创新者。

（一九七四年）

# 临宋拓泉州《阁帖》题后

　　宋拓《阁帖》残本一册，皆王羲之书，具有六、七、八卷中帖，各帖或完或残。有何义门、彭尺木、王梦楼、顾南雅、陆谨庭、潘榕皋诸家题识，俱未能定为何刻。观其《月半帖》"拜"字中多一折，知是泉州刻本。惟自孙退谷以来，误谓《泉州帖》为明初刻本，见此宋拓者，遂迷来路。不知明代于《泉州》虽曾补刻、翻刻，但最初之石，固为宋刻也。此册点画生动，仅次于《大观》，与《真绛》《潭州》在伯仲间。余年二十余，获其影本，以王若霖《阁帖考正》、沈子培《寐叟题跋》考之，知为宋拓《泉帖》。一日谒铜山张勺圃先生，谈及《阁帖》，因举此泉本，先生大加叹许。盖已考订于先，尚未公之于世者。自此每进而教之，功之略闻法帖源流，实自兹始。又功初临是帖时，为友人书扇，大兴冯公度先生见之称赏，或问此少年书好处何在？先生曰："这是认识草字的人写的。"谓其未乖草法也。今再临此本，因念早蒙奖借，而故步依然，纸尾附书，不胜凄黯。

（一九七四年）

63

# 跋《邺河伊拉里氏跳神典礼》

　　《邺河伊拉里氏跳神典礼》一卷，北京图书馆藏，满汉文合璧钞本，不纪年月，满文有圈点。满文加圈点，创于天聪六年，译音用字之画一，乾隆三十七年始见明谕。此本汉文译自满文，"叶赫"作"邺河"，汉字讹体尤多，译写必在乾隆以前。满文本之编纂，或更早于此。

　　夫曼殊旧俗，虽质朴不文，而崇德报功之礼，素致其严。各族散处，风习纵有不同，故老传闻，莫不大同小异。惟以人所夙习，故记载之书，反致缺如。文献可征者，仅《满洲祭天祭神典礼》六卷而已。其书又名《浦洲祭祀条例》，以下简称《满洲祭礼》。《满洲祭礼》修于乾隆中，当时朝廷虽力存旧俗，如堂子及坤宁宫之制，一仍关外旧式，示不忘本，然于满文神号之意义，已多不能追溯本源。而神像神位之安设，牲醴粢盛之奉献，降神避灯之仪节，记述皆苦简略。盖奉敕纂修国家要典，究不同于私家撰述之得委曲详尽也。

　　《满洲祭礼》叙述纂修致慎之意云："古者一方一国，各有专祀，或因灵应所著，而报以馨香；或因功德在人，而申其荐飨。古人于相传祀典，无从溯其本源者，皆不妄引其人以实之，致涉诬罔，故今亦缺所不知，不敢附会。自大金天兴甲午以后，典籍散佚，文献无征，故老流传，惟凭口授，历年既远，遂不甚明。"云云。是其所祀神祇之名义，于乾隆时已不尽详。既不敢"妄引其人以实之，致涉诬罔"，则当时盖已有先涉诬罔者在耳。礼邸汲修主人素号博雅。所撰《啸亭杂录》，尚误尚锡神亭为上神亭，且信祀邓子龙之说，语见初刻本卷二"堂子"

条。震在廷先生钧《天咫偶闻》卷二，尝考为殷礼，并略记其仪节。然书成于光绪中叶，视《满洲祭礼》所载，更为简略。则其礼之湮讹，由来已久。三十年前，先曾祖玉岑公居易水，尝举祀天之典，功时七龄，获与祭焉，仅灌酒，宰牲，献熟，犹依故实，而撒玛已无从物色，至于摇铃鸣鼓之法，更同《广陵散》矣。及见伊拉里氏跳神之书，不禁狂喜。或疑《满洲祭礼》为爱新觉罗氏一族之俗，未必可概其它部族。今于此书，不独获其旁证，而祭祀避灯之故，亦略可窥其用意。则此戋戋一卷者，不得谓非一字千金者也。

扈伦四部，曰叶赫，曰辉发，曰哈达，曰乌拉，皆以所在之河得名。乌拉、辉发二河入松花江，哈达、叶赫二河入辽河。则叶赫之作"邺河"，声义兼顾，尤善于后译者。《八旗氏族通谱》卷四十七云："伊拉里，为满洲一姓，其氏族散处于乌拉、叶赫、殷，及各地方。"博晰斋先生明《西斋偶得》卷上"辽国姓"条云："耶律，《金史》本作移刺，元《湛然居士集》亦然。按辽亡其后分为二，一入西夏，一入金。今之伊刺里氏，其族众矣，岂非其裔耶。"按耶律，《金史》又作耶刺，又作移刺，皆译音用字之异，移刺之作伊拉里，犹蒙古之作蒙兀儿也。然则辽金以来，强大部族，明清之际，扈伦著姓，其所用仪注，必较详备焉。

此书于祭天及祀佛多妈妈之礼，皆略而未书，只云家喻户晓，无庸赘录，至为可惜。跳神则有跳外神、跳大神之别，跳外神所祭者，曰阿都奇诺尹，曰喀吞纳克，曰索布尔哈，曰二尊窝车库。

跳大神所祭者，曰六尊窝车库，曰二尊绿袍像，曰二尊木像，曰菩萨，曰撒尔汗居窝车库，曰关帝，曰阿布开居，曰麻塞傅。

午间所祭者，曰哈沙妈妈。日落后所祭者，曰仙春窝车库，曰渥吉格索吉，曰得吉妈妈，曰松果里妈妈，曰发扬安，曰始二祖，曰门神，曰灶君。次日清晨所祭者，曰佛多妈妈。

其中满语原有注释者，窝车库为家堂神，发蓝索秘为秋祭稻场，哈沙为仓房，发扬安为魂，查初密为祭奠之词，鄂罗密为蒙语请进之词，盖迎神之祝语也。阿立为接受之词，乞神享受祭物，盖尚飨之义也。满洲祭礼中屡见歌诵鄂罗之词，于此始得其解。

神号中未有注释而其义可知者，阿都奇，牧人也。诺尹即诺延，蒙语官也。阿布开，天也。塞傅，师傅也。撒尔汉，女也。居，子也。素布尔哈，蒙语塔也。松果里，即松阿里，于天文为天河，于地理为松花江。佛多妈妈，疑即《满洲祭礼》中之佛里佛多鄂谟锡妈妈，俗祀之子孙娘娘也。喀吞纳克，疑即《满洲祭礼》中之喀吞诺延，喀吞即哈屯，蒙语王妃也。仙春窝车库，疑即《满洲祭礼》中之安春阿雅拉。安春《金史》作"安出虎"，水名，其义为金，安出虎水之源，金代发祥之地也。《满洲祭礼》中之纽欢台吉，义为青天之子，疑即阿布开居，其余神号，尚未详其字义。

此书所祀诸神像之制，虽未一一注明，细考知有绸制偶人，有木像，有画像，又有虚位者。如云："魂，清语名发扬安，此即本家祖宗父母之位也。位系蓝纺绸上缝貂鼠脑袋，注写祖先名讳，安供于枕上。"此偶人之制也。又曰："六位蒙古窝车库等像位，安供于西炕略偏南边，铺红毡二条，正面横放大缎子枕头二个，偏南斜放缎子西瓜枕一个，奉二尊绿袍像，在南边大枕头前，靠设安位。"又云："安放柳斗一个，装细老米半斗，奉仙春窝车库位，插供于柳斗上。"夫靠于枕前，插于米斗者，皆偶人也。吾乡故实，神像多缝布为衣，以槟榔杓为头，或缝白绢为头，此云貂鼠脑袋者，则用貂皮缝制也。以布偶为像，视雕石范金，其义固无二致，而朴质胜矣。

夫发扬安既为祖先之魂，其魂乃合族不祧之祖也。其言曰："此系合众公祭始二祖，并各祖之位，若有独力承办者，供设各祖之外，其本家如有祖先父母影像牌位，亦应悬供，即无影像牌位，亦应另设虚位。"是知其始二祖并各祖之像，皆偶人也。至本支祖先父母则画像、木主以及虚位，互有用者，惟木主之制，不见施诸神祇耳。

又云："二尊木像，在偏南，西瓜枕前，斜向东北方，靠设安位。"此木像也。

其记菩萨、撒尔汉居窝车库、关帝、阿布开居、麻塞傅诸像，则曰："于北炕上偏东铺设红毡一条，靠里放木架子一座，开匣请出圣像，供于北炕木架黄瓦单上。"瓦单者，包袱也。又云："奉渥吉格索吉等众像，安放于木架上。"木架图式，《满洲祭礼》中载之，所以悬挂神像，此供于木架者，皆画像也。

至于阿都奇诺尹，喀吞纳克，素布尔哈，哈沙妈妈，得吉妈妈，松果里妈妈，佛多妈妈，皆明著其为虚位焉。

故事，祭牲蒙古用羊，满洲用猪，伊拉里氏则猪羊皆用，且有鹅鸡，亦未之前闻者。而灌酒宰牲，以及割肉之法，此书记载，亦颇详尽。

《满洲祭礼》有避灯一事，以其避灯，弥觉神秘，因而揣测愈多。今观此书所记，避灯之祭，乃在跳大神之礼既毕，神像暂不入匣之时，供亦不撤，将灯烛火亮皆息避，行礼后，撒玛掷猪抓子，遂点灯烛，撤各项供物，请奉各位窝车库像位入匣，至此礼成，特郑重注云："此名避灯。"然则避灯之祭，其为结束大祭、送神归位之礼欤，而耶律氏之族固亦行之，不独爱新觉罗氏祭礼为然矣。

其记换酒歌舞之事，多于煮肉未熟之际行之，想见淳朴之风，极饶趣味，特为拈出。其言曰："换酒之规，不拘长幼俱可，向上跪叩毕，敬谨将酒撒下，跪饮干，将钟拭净，照旧斟满供上，复叩首一次，平身。如不能饮酒者，微尝即倾空碗内亦可。"又云："凡歌舞之规，向上先叩首一次，平身，歌舞，若有二三人同舞，尤妙。"又云："煮肉之际，撒玛装束腰铃神帽，动鼓，愿慰吉言，合众动鼓相随，愿慰毕，撒玛坐杌子上，族人及亲眷人等，内有能歌舞者，照先前歌舞，撒玛动鼓相随，合众接声。歌舞毕，撒玛站立起戏耍，或站鼓取酒，或吞香，或咬热捞铁，撼红通条等戏。戏耍毕，仍未熟，撒玛卸装歇息，合众男丁围坐于外间屋地下，或饮酒，或弹唱，在礼法之内，喜乐俱可。坤众俱在屋内就地散坐。独外戚姑娘，方可上炕。等肉之际，换酒一次。"读此如见抚节安歌、婆娑乐神之盛。又知当日之巫，不独谙其仪节，且亦工于幻术也。

（一九四八年）

# 《岔曲集》跋

　　右《岔曲集》抄本，吴晓铃先生录自余家旧藏本，余家之本，则传自曲师德寿山先生，然亦非其自撰者。晓铃属记其缘起，因书其后曰：

　　岔曲之作，吾始见之于《霓裳续谱》，皆是简短数句者。至余幼年所聆，则有至数十百句者。其短者曰脆岔；长者曰长岔；中间敷说，曲调较平衍者曰赶板长岔，亦曰琴腔；中间杂以各种曲牌者，曰带牌子长岔，亦曰牌子曲。此形式之大略也。

　　伴奏用三弦，自弹自唱，号曰单弦；或一人唱而另一人弹，号曰双头人，另一人弹弦时，则唱者可持八角鼓节曲。后世无论一人、二人所演杂牌子曲，俱蒙以单弦之称，已失其本义。此演奏之大略也。

　　其曲词通俗，或杂诙谐，此初期之作，亦岔曲之本色。渐后有人追求文雅，而力不能逮，乃或牵扯典故，搬弄诗文，常致非驴非马，不文不白，每使听者啼笑两难。友人尝语余曰："岔曲雅的那么俗。"应之曰："子何高擅效颦雅语之岔曲乎？夫俗者，通俗易晓，众所同嗜之谓也。而效颦雅语之岔曲，听其腔调，纵或铿锵；阅其词曲，则未尝不肉麻而毛竖。俗之美谥，岂可误加！"今传曲词，有本色者，亦有令人肉麻而毛竖者。此曲词之大略也。

　　此集传自德寿山，却非德氏所作，盖积累传抄，非出一手者。其中不乏本色之作，亦有效颦雅语之作，观者自能分别。德氏以字行，遂失其名与姓氏，满洲人，清末为某旗佐领，以弹唱交游，所谓子弟，或称票友者。达官贵戚，与之均礼。先祖延之客馆最久，谈谐风生，能自弹自唱。场上有所触，随口唱出，举坐欢笑，遭讽者竟无以难之，盖深符滑稽之旨。此集乃其当日呈先祖乞为润色者，实亦未尝多加点定。

辛亥后，德氏生计日贫，遂以艺糊口，流转四方，此集竟置吾家，不复索取，以其弹唱之本，多出自撰，固不珍视此死套也。余年十余岁时，犹及聆其奏艺于茶馆中，腰偃慎，声低哑，而坐客无哗，凝神洗耳。时当北洋军阀混战之时，坐间有系臂章之某军阀士卒，闻其嘲讽某军阀，亦竟为之同声鼓掌。其佚事余幼年数闻之于长辈，当时不知记录，今日遗忘已多。其所自撰杂牌子曲词，更无复传本，深为可惜。后世读此集者但知其为清季流传之岔曲可也，如于其中探求德氏之艺，则失之远矣。此集原为四卷，为余表弟借与某曲师，遂失末卷，是卷为带牌子长岔之后半，以此调之篇幅多长，一卷所不能容耳。

# 《乾隆以来系年要录》跋

右《乾隆以来系年要录》一册，王伯祥先生所辑，排印初得首册，抗日战争爆发，版稿俱烬，此其校印样张之仅存者。先生出示命题，谨志册后曰：

史官为帝王所雇佣，其所书自必隐恶扬善，歌功诵德。春秋董狐之笔，不过一时一事，其前其后，固不俱书如"赵盾弑其君"者也。后世秉笔记帝王事迹之书，号曰《实录》，观其命名，已堪失笑。夫人每日饮食，未闻言吃真饭，喝真水，以其无待申明，而人所共知其非伪者。史书自名实录，盖已先恐人疑其不实矣。又实录开卷之始，首书帝王之徽号，昏庸者亦曰"神圣"，童骏者亦曰"文武"，是自第一行即已示人以不实矣。

虽然，未尝无真实者在。事迹排比，观者自得，纵经讳饰，亦足会心。讳雹者称为"硬雨"，讳蝗者称"不食禾稼"，而其为雹、为蝗，人无不喻。故排比得法，阳秋具于皮里者，即为良史。

诵读既毕，仰见剪裁排比，深具匠心。所惜当年离乱，全稿失坠。留此一册，亦足以昭示方来，俾知取法。宋李心传之书，不得专美于前矣。

# 济南孙氏藏王渔洋手稿册跋

昔人最重名家诗文手稿，以为寻绎其增删钩乙处，可悟撰者用意所在，而知行文之法。渔洋山人诗格轻灵，文笔隽美，皆似信手而拈。其笔记诸书，俱无铨次，尤若不甚经意者。余曾得其诗话手稿一叶，笔迹虽甚潦草，而字句与刻本极鲜异同，益觉其小品多率尔之作。今观此册，删改点定，异常辛苦。乃知所谓"朱贪多，王爱好"者，信非虚语。而诗话稿之与刻本无异者，乃其自钞之定稿，不如此册得见其取舍匠心焉。渔洋不耐大书，且不喜自书应酬文字，所需多出林吉人、陈香泉手。其亲笔小行书别具风神，与其诗格相似。此稿首页，笔迹尤可爱玩也。

一九七七年八月

# 记饮水词人夫妇墓志铭

纳兰容若丰于才而啬于寿，葬后垂三百年，约当神州浩劫之时，其夫妇圹志又出人间，盖不足怪。其石某年忽见于首都西郊某公社某生产大队办公室门前阶石中，往来践踏，字迹已在有无之间。其妻卢氏之志，以石面向下，字迹遂尚可读。今已移归首都博物馆保存。

容若墓志，通行《通志堂集》附录，可以揣摩而对读之，异同虽不甚多，却为刊书时所改削。其故何在，有可解处，亦有不可解处。

容若志石方形，纵约七十二公分，横如之而微杀。四边敲剥，已无确界矣。志文三十六行，行六十字。抬头处俱在行中空格，就文义所需，空一字至三字不等。惟第十六行尾空四字之地，以翌行首字为"上"也。志石与书册有别，不容因提行致行中空字过多，故悉用行中空格为抬头。

兹著石本与集本之异如下：

一行：石本首有"皇清"二字，"佐领"集本作"进士"。

二行至四行为衔名，曰："内阁学士兼礼部侍郎、教习庶吉士，崑山徐乾学撰文。"曰："经筵讲官、都察院左都御史，泽州陈廷敬篆盖。"曰："日讲起居注、翰林院侍读学士，钱塘高士奇书丹。"各占一行，俱低二格。

五行："从吾"，集本作"从我"。

十四行："上幸海子、沙河、西山汤泉"，集本于"河""西"之间有"及"字。

十六行："有文武才，且迁擢矣"，集本于"才""且"之间有"非久"二字。

十七行："绎络"，集本作"络绎"；"药""赐"之间，集本空一格。

二十行："莫得而悉"，集本作"莫能而悉"。

二十一行："不敢乞休沐自暇逸"，集本无"暇"字。

二十五行："扈跸时，毡帐内"，集本无"毡帐内"三字。

三十行："女弟为"，集本作"女弟谓"。

三十三行："继室官氏，光禄大夫、少保、□□公□□之女。"集本作"继室官氏，某某某之女。"又"男子子二人：福哥、永哥，遗腹子一人"。集本只书"福哥"，下有墨钉，占一字。

三十四行："秀水朱彝尊"。集本作"宜兴陈维崧"。

三十五行："闻其才力"，集本作"闻其才名"。又"皆出涕为哀辞"，集本作"皆出涕为哀挽之词"。

三十六行："又为之铭"，集本"铭"字下有"其葬盖未有日也"七字。

三十七行："亦又"，集本"亦"上有"而"字。

以上异文，除误字外，率以集本为长，有可得而言者：

首行"皇清"二字，石志之体；编入集中，则不能每篇俱加。附录碑志，遂一律省之，此又集本之体也。"佐领"易为"进士"，则重其出身科甲也。撰文、篆盖书丹衔名之略去者，以附录只在录文，故集本但题"徐乾学"耳。

海子、沙河为两地，而汤泉则指在西山者，集本于中间著"及"字，以见其不相联属。"且迁擢矣"意谓将迁擢也，但其句义与"且已迁擢"有可相混处。著"非久"二字，则足示其为估计将来也。

"莫得而悉"，并无语病，改为"莫能而悉"，反属不辞。应曰"莫能悉"或"莫能得悉"，此与三十行之以"谓"代"为"直同是录文误字。盖昔人行文，"为"可代"谓"，而"谓"不可代"为"也。

"毡帐内，雕弓书卷，杂错左右"，本谓其文武兼长耳。然毡帐、毡裘，易招误会，盖讥胡俗者每以此为口实，故宁去之。

官氏之父名字泐损，而光禄大夫、少保，则不为不显矣。集本但作"某某某"者，殆编集时其人已获谴谪，遂删之也。其子永哥及遗腹子俱删者，或编集时俱已夭也。朱彝尊之改为陈维崧，则莫测其故。上文谓："君所交游，皆一时俊异，于世所称落落难合者。若无锡严绳孙、顾贞观、秦松龄、秀水朱彝尊、慈谿姜宸英，尤所契厚。"按诸人惟朱氏曾在南书房行走，而厕其名于落落难合者之列，则违碍甚矣。又或其时朱已斥出，则有待详检。顾编集之确切时日未明，检亦不易耳。至其信手拈出陈维崧，则殊嫌不思。即观其附录中，自墓志、碑铭，以至诸家哀、诔、祭文、挽歌，去其复者，尚近五十人，而其中独无陈维崧。焉有郑重举扬之至契，反无一字致其哀悼乎？

至于以"才名"易"才力"，亦极见斟酌。盖才名者，虽不相识，亦可得而闻；才力则必经亲验，始足评骘能否。容若不识吴汉槎，而力为援手者，为受顾梁汾之重托。明其出于耳闻，则益见爱才之公心，并不关于私谊耳。

"哀辞"增为"哀挽之词"者，当以哀辞亦为文体之专名，哀挽之词则所包较广。惟"其葬盖未有日"一语之增，颇不可解。观集本删改诸端，俱可证在石本之后。编集时徐氏已带一统志局南归，岂以墓志例应书葬期，而补书又无确息耶？抑营葬工繁，六年尚未竣事耶？

上海古籍出版社影印《通志堂集》，其出版说明云："康熙二十年（一六八一年）乾学又为性德辑刻其所著诗文，即此集。"按集前徐序云："余里居杜门，检其诗词古文遗稿，太傅公所手授者，及友人秦对岩、顾梁汾所藏，并经解小序，合而梓之，以存梗概，为《通志堂集》。碑志哀挽之作，附于卷后。"署年"重光协洽之岁"乃康熙三十年辛未，为公元一六九一年。容若卒于康熙廿四年，辑刻全集，实在其身后也。

又一事不可解：志文谓"容若姓纳兰氏，初名成德，后避东宫嫌名，改曰性德"。此石刻与集本所同。然所见容若翰札诗笺，署名无作性德者，即集后所附张玉书所撰哀词，首云："侍卫成君容若以疾卒于位。"严绳孙所撰哀词，首云："吾友成子容若以疾卒于京邸。"夫哀词必撰于身后，而书氏乃曰"成君"、"成子"，是至盖棺而未尝易"性"字也。或东宫旋立旋废，容若之名亦随之旋"性"旋"成"耶？姑志此疑，以待文献之续征焉。

有清旗下人乳名率以"哥"称，如志中"福哥"、"永哥"是。称女子之未嫁者曰"哥哥"；称少男曰"阿哥"，如汉人之称少爷。其后欲别于汉人之习称，则改"哥"为"格"，仍读作阴平之声。既不作古音之入声，又不作北方音之阳平。今观此志，作"哥"不作"格"，知康熙时尚未改写也。

容若夫人卢氏墓志，为一块长方横石，横与容若墓志相近，高约其一半微强。三十一行，行廿五字，第一行标题顶格写；第二行撰人衔名，因开端为"赐进士出身"，故亦顶格写。以下志文廿九行，一律低二格写。只有撰人，未著书人。全篇骈俪，羌无事实。

志文中有可纪者只数端：

一、卢氏未有封号，所称夫人，只是泛称。撰者平湖叶舒崇为容若同年进士。

二、卢氏籍贯奉天，祖籍永平。其父兴祖，官两广总督。

三、婚时年十八，康熙十六年五月死于产病，得年廿一岁，生一子名海亮，应即容若志中之福哥。逾年始葬。

四、附葬于祖茔，在玉河皂荚屯。

五、述及容若，有"青眼难期，红尘寡合"之语。又曰："悼亡之吟不少，知己之恨尤深。"洋洋近七百言，有关事实，如斯而已。文献难逢，备录如下：

## 皇清纳腊室卢氏墓志铭

赐进士出身候补内阁中书舍人平湖叶舒崇撰

夫人卢氏，奉天人，其先永平人也。毓瑞医闾，形胜桃花之岛；溯源营室，家声孤竹之城。父兴祖，总督两广、兵部右侍郎、都察院右副都御史。树节五年，兴威百粤。珠江波静，冠赐高蝉；铜柱勋崇，门施行马。传唯礼义，城南韦杜之家；训有诗书，江左潘杨之族。夫人生而婉娈，性本端庄，贞气天情，恭容礼典。明珰佩月，即如淑女之章；晓镜临春，自有夫人之法。幼承母训，娴彼七襄；长读父书，佐其四德。高门妙拣，首闻敬仲之占；快婿难求，独坦右军之腹。年十八，归余同年生成德，姓纳腊氏，字容若。乌衣门巷，百两迎归；龙藻文章，三星并咏。夫人职首供甘，义均主罍。二南苹藻，无愧公宫；三日羹汤，便谙姑性。人称克孝，郑袠之壸攸彰；敬必如宾，冀缺之型不坠。宜尔家室，箧盥惟仪；浣我衣裳，纮綖是务。洵无訾于中馈，自不忝于大家。亡何玉号麒麟，生由天上；因之调分凰凤，响绝人间。霜露忽侵，年龄不永。非无仙酒，难传延寿之杯；欲觅神香，竟乏返魂之术。呜呼哀哉！康熙十六年五月三十日卒，春秋二十有一。生一子海亮。容若身居华阀，达类前修。青眼难期，红尘寡合。夫人境非挽鹿，自契同心；遇譬游鱼，岂殊比目。抗情尘表，则视有浮云；抚操闺中，则志存流水。于其没也，悼亡之吟不少，知己之恨尤深。今以十七年七月二十八日葬于玉河皂荚屯之祖茔。木有相思，似类杜原之兆；石曾作镜，何年华表之归。睹云气而徘徊，怅神光之离合。呜呼哀哉！铭曰：江名鸭绿，塞号卢龙。桃花春涨，榆叶秋丛。灵钟胜地，祥毓女宗。高门冠冕，**胤**族鼎钟。羊城建节，麟阁敉功。诞生令淑，秀外惠中。华标彩莩，茂映桢桐。曰嫔君子，夭矫犹龙。纶扉闻礼，学海耽躬。同心黾勉，有婉其容。柔性仰事，怡声外恭。移茵奉御，执匜敬共。苹蘩精白，刀尺女红。鸳机支石，蚕月提笼。孝思不匮，俭德可风。闺房知己，琴瑟嘉通。产同瑜珥，兆类罴熊。乃膺沉痼，弥月告凶。翠屏昼冷，画翟晨空。凤箫声杳，鸾镜尘封。哀旐路转，挽曲涂穷。荒原漠漠，雨峡濛濛。千秋黄壤，百世青松。

承赵迅同志见示拓本，谨此志谢

# 《东海渔歌》书后

论有清填词大家者，首推纳兰成德，稍降则推西林觉罗太清夫人。夫人所作，信如唐人所谓"传之乐章，布在人口"者。前无逊于容若，更上居然足以追配李易安而无忝，非以闺秀作家率蒙不虞之誉者也。

夫人讳春，字太清，文端公鄂尔泰之曾孙女，姓西林觉罗氏。事多罗贝勒奕绘字子章号太素者为侧室，其后即正。吾获见夫人裔孙次第卓然有所建树于学术之林，搜已坠之绝绪，振民族之光辉。若袭公爵恒煦字纪鹏，精满文，且深研女真古文字，为今之绝学，功所曾奉手之宗老也。其子启孮字麓漴，世其家学，为今治满蒙史及女真古文字之重望，知其来固有自也。

太素为荣纯亲王永琪之孙，荣恪郡王绵亿之子，娶夫人之堂姑为嫡配。夫人之祖鄂昌，以胡中藻诗案赐帛，其家遂落，夫人依姑为滕。太素暨嫡夫人后先即世，家室龃龉，腾以蜚语，夫人遂率所出，析居邸外。其子若孙虽相继袭爵，显于当时，而夫人平生之崎岖困踬，亦足见矣。

蜚语之甚者，如指龚自珍集中游冶之作，以为与夫人投赠之笺。冒鹤亭先生广生，曾以语曾孟朴，孟朴著《孽海花》小说，遂以鄙亵之语，形诸卷端。无论其事曾氏无从得知，即冒翁又何从而目遇？自今言之，律许再嫁，早有明文，恋爱则更无关禁令。辨李清照未尝改嫁者，世多以为封建意识而讥之，而必证以确曾改嫁者，不外以为才女不贞，其用意又独非封建意识乎？且改嫁与否，何预他人之事，又何损其词之光焰乎？昔日俗谚云："女子无才便是德。"一若女子有才必无德。无德之行多端，又必曲证其淫，至于公然捏造而不惜。此男子之无德，又岂在改嫁淫奔之下乎？太清夫人幼遭家难，长居篷室，晚遭蜚语，竟为不幸所丛。岂真有如昔人寓慨者所谓天意将以玉成其为词人者乎？吾于昔时闺阁将谓"女子无才即是福"矣！冒翁于抗战期间著《孽海花人物志》，自称悔以蜚语语曾氏，并责曾氏之凭空点染为无据。见当时上海刊行之《古今》杂志。而曾书流传，冒书不显，谓为蜚语之腾，至今未烬。而夫人之不幸，至今未已，亦无不可。

有清筚路之初，于婚姻行辈，无所拘忌。无论侄为姑媵，即再隔辈次，亦非所禁，此少数民族未染宋儒陋见者。世迄叔季，忌讳遂多。《星源集庆》于奕绘名下注："侧室顾氏"，顾某某之女。此顾某乃荣邸之庄头，盖以冒之报档子者，或以避获罪者后裔之故。世遂传讹谓夫人为顾八代之后，无足辨也。

又旗下人之哈喇，汉译"姓"也，故多属所居部落，实类中原所谓地望。但在清世，非但世俗交往中不以加之名上，即正式官籍所注，亦常只出旗分，而不出哈喇。乾隆时有人以西林代郡望以称鄂尔泰，曰鄂西林，此偶然一例而已。近世人于夫人名字曰顾太清，或曰太清春，皆非其实。称西林春，亦似是而非。然夫人自署本名，迄未一见。

纪鹏宗叔曾以夫人听雪图小像摄影见赐，夫人头绾真发两把头髻，衣上罩以长背心，俱道咸便装旧式，惜其图后题跋无存。今经浩劫，并前图亦无从再觅矣。

又曾见恽南田画花卉册，逐页画上有太素与夫人题句。太素用浓墨，夫人用淡墨。谛观之，淡墨亦太素所书，特略变笔势，运以淡墨以示别。知夫人于八法似未谙熟，或以直书南田画上，未免踌躇耳。李易安记归来堂中读书观画，独未及笔砚之事。如此变体代书之佳话，亦足补前贤故实之所未备。又赵明诚以自作杂易安词中，而不能掩"人比黄花瘦"句，为古今之所艳传。今读太素之《南谷樵唱》，视夫人之《东海渔歌》，亦有若德父之于易安者。南谷为太素先茔所在之地，东海或以借指渤海，惟辞取偶俪，义抑其次。而唱随之乐，角胜之情，使小子于百年而下，尚油然起景慕之心者，岂偶然哉！

有清亲王、郡王之配称福晋，贝勒以下之配称夫人。福晋本汉语夫人译音之微讹，特以志等威之差，其后五等俱称福晋者，谀也。今记旧事，于有关诸辞，具存史实，读者鉴焉。

一九八三年秋日，启功谨记

# 《启功丛稿》初版前言

功幼而失学，曾读书背书，虽不解其义，而获记其句读。曾学书学画，以至卖所书所画，遂渐能识古今书画之真伪。又曾学诗学文，进而教诗教文，久而诗略悟其律，文略悟其法。究之，庞杂寡要，无家可成焉。

今谬承中华书局辑印拙作零篇，为此小集，其曾单行成册者，如《古代字体论稿》《诗文声律论稿》，不复阑入。笔濡颖泚，书此前言，忸怩之情，读者不难烛照。

此册所存，或以曾贡严师，蒙掀髯而颔首者；或以曾呈益友，见拊掌而破颜者。非敢炫其芜篇，庶以铭斯高谊。

昔郑板桥自叙其《诗钞》有言："死后如有托名翻板，将平日无聊应酬之作，改窜阑入，吾必为厉鬼，以击其脑。"夫有鬼无鬼，为变为厉，俱非吾之所知；惟欲藉此申明，凡拙作零篇，昔已刊而今不取者，皆属无聊之作耳。

旧作《沁园春》一首题稿册之前者，附录于此，以当自赞。其词曰：

> 检点平生，往日全非，百事无聊。计幼时孤露，中年坎坷，如今渐老，幻想俱抛。半世生涯，教书卖画，不过闲吹乞食箫。谁似我，真有名无实，饭桶脓包。　　偶然弄些蹊跷，像博学多闻见解超。笑左翻右找，东拼西凑，繁繁琐琐，絮絮叨叨。这样文章，人人会作，惭愧篇篇稿费高。收拾起，一孤堆拉杂，敬待摧烧。

一九八一年夏历新春，启功自识，时我生已入第七十年矣

# 读《静农书艺集》

《颜氏家训》说："尺牍书疏，千里面目。"在思友怀人的时候，相晤无由，得到传来的片语只词，都感到极大的安慰。如果再看到亲笔的字迹，那种亲切感，确实有摄影相片所起不到的作用。

回忆我二十一周岁"初出茅庐"还是一个幼稚的青年时，到辅仁大学附中教初中一年的"国文"，第一个认识的，是牟润孙先生，第二个认识的，即是台静农先生。对我来说，他们真可算"平生风义兼师友"。牟润老比我大四岁，台静老则十年以长。他们对这个小弟弟，既关怀，又鼓励。回忆当时岁月中，有多少一生受用不尽的箴规、鼓舞，得知多少为学的门径。而由于当时不懂得重视，年长以后，再想质证所疑，甚至印证所得，都因远隔天涯，而求教无从了。

一个十年成长的政治脓包溃烂了，"四人帮"倒了，我才又和牟润老流泪聚首，每谈总提到静农先生，而他居住的距离更远一程，真是音尘渺然，心情是无法形容的沉重。今年春天，忽然由友人带来《静农书艺集》一大本，我拿到手后，高兴得几乎跳起来，因为这不只是片纸书疏，其中具有篆、隶、草、真各体俱备的书法，屏、联、扇、册长短俱备的格式。更重要的是从这些作品中看到书者的精神面目，一一跃然纸上。孔子说："父母之年不可不知也，一则以喜，一则以惧。"朋友的关系当然与父母有所不同，但关心的喜和惧，应是有共同之点的。我从册中各件作品上看，虽然不尽是一年所写，但大致上总属近年的作品。各件的书风，表现了写时的精神健旺。隶书的开扩，草书的顿挫，如果没有充沛的气力，是无法写出的，这是足以欣慰的一面；再看行书，有时以战掣表现苍劲，这种效果自然是出于主动要求，但谛观一些笔道，又实有自然颤抖处。在上年纪的人，手腕有些颤抖，并不奇怪，但这毕竟说明静老已到八十之外了。我这个五十年前的小青年，今年也周岁七十又三，每一念及，海峡两岸何时通航，生平老友何时聚首，又不能不使我心有"如捣"之感！

台先生从人品、性情、学问，以至他对文学艺术的兴趣和成就，可以说是综合而成的一位完美的艺术家，有时又天真得像一个小孩。记得那年他将到厦门大学去执教，束装待发之际，大家在他家吃饭送行，用大碗喝绍兴黄酒。谈起沈尹默先生的字，并涉及他的书斋平日所挂的那一幅尹老的条幅。这时早已装入行李箱中，捆得整齐。他为证明某些笔法，回手去翻，结果无从找到。

我记得五十多年前，他写一些瘦劲的字，并不多似古代某家某派，完全是学者的行书。抗战时他在四川江津白沙女子师范学院执教，余暇较多，一本本地临古帖。传到北京的一些自书"字课"，我见到一本临宋人尺牍，不求太似，又无不神似，得知他是以体味古代名家的精神入手的。稍后又见到用倪元璐、黄道周体写的诗，真是沉郁顿挫，与其说是写倪、黄的字体，不如说是写倪、黄的感情，一点一划，实际都是表达情感的艺术语言。

今年见到的这一册中的作品，和以前日本印的一小册合并来看，老而弥壮，意境又高了一层。具体说：从西汉的阳泉薰炉到新嘉量、《石门颂》，看出他对汉隶爱好的路子。再看形是汉隶的形，下笔之际，却不是俯首临摹的，而各有自己的气派。清代写隶书的，像邓石如、伊秉绶、何绍基，不能不说是大家，是巨擘，在他们之后写隶书，不难在精工，而难在脱俗。静老的作品，是《石门颂》，却不是李瑞清的《石门颂》；是隶书，却不是邓伊何的隶书。谁知从来没有疾言厉色的台先生，而有这等虎虎生气的字迹。"猛志固常在"，又岂止陶渊明呢？

至于行书，从外表看来，仍然是倪、黄风格为基础的，更多倪元璐法，这在他自序中也有明文。但如熟观倪书，便会发现他发展了倪法之处。清代商盘说过，陈洪绶的字如绳，倪元璐的字如菱。倪字结体极密，上下字紧紧衔接，但缺少左顾右盼的关系。倪字用笔圆熟，如非干笔处，便不见生辣之致。而台静老的字，一行之内，几行之间，信手而往，浩浩落落。到了醋适之处，直不知是倪是台，这种意境和乐趣，恐怕倪氏也不见得尝到的。

他的点划，下笔如刀切玉，常见毫无意识地带入汉隶的古拙笔意。我个人最不赞成那些有意识地在行楷中硬搀入些汉隶笔划，但无意中自然融入的不在此例。所以雅俗之判，就在于此吧？

台先生最不喜王文治的字，常说他"侧媚"，予小子功，也写了几十年的字，到现在也冒得了一份"书家"的虚衔。回忆起来，也曾有过超越张照、王文治的妄想。但最近在友人家看到一本王文治自书诗册，不觉嗒焉若丧，原来今天我连侧媚的功力也有所不及。若干年来，总想念这位老朋友，更盼望再得相见。若从我这薄劣的书艺看，又不免有些怕见他了。

最后拿定主意，如果见到他，绝不把我的字拿给他看。

# 《欧斋石墨题跋》序

　　金石之学，乾嘉以来弥盛。石之存佚，字之完损，察入毫厘，价腾金玉，此鉴藏家也，以翁覃溪为巨擘。博搜曲证，贯穿经史，论世知人，明如龟鉴，此考据家也，以钱竹汀为宗师。至于收集编订，广罗前人考证之说以为学者检阅之助，此著录家也，以王兰泉为山斗。然二百年来古石古拓重见者日多，摄影印刷流播日远，加之地不爱宝，珍奇屡出，昔人所论有以得新证而益明者，亦有以得新证而全误者，此近贤著述之所以时时突过前修者也。

　　萧山朱翼盦先生以相国世家，政事之余酷爱金石。博学精鉴，有力收罗，于是一时之石墨善本咸归插架，曾以重金获所见最先拓本《醴泉铭》，因自号欧斋。此题跋、目录二册，皆先生平生精力所萃，而哲嗣景洛、清浦、季黄所整理誊录者也。谨按先生致力处与覃溪为近，而详论书势，比较纸墨，衷怀朗澈，无覃溪专固之习。雅好欧书，而多聚群碑，兼赏众妙，更非覃溪之墨守宋翻《化度寺》者所得同日而语。至考史证碑，淹通博贯，则又兼竹汀、兰泉之学。读之如入宝山，诚有虚往实归之乐。再读所藏碑帖目录，益见众珍之全貌。昔人每病项子京、梁蕉林未留目录，今先生之藏碑帖，不减项氏、梁氏之藏书画，合观题跋目录，则近代石墨之藏，无或逾此完且美也。朱氏昆季排比抄录，将以刊布，其光先人而启后学，岂浅鲜哉。敬记管窥，以谂世之读此编者。后学启功谨序。

# 《金禹民印存》序

我常遇到青年同志有志求学，但自恨不知门径，又抱怨没有学校可上。或想根据自己所爱好的学术门类，去投良师，有时又不能那么凑巧，那么合适。还有上了学校，堂上听讲，源源本本，有时关于自己所急切想知道、想学到的部分，却又相距遥远，因而感到茫然。诸如此类的事例，真不知曾有多少。

每当我遇到这些同志，提出这类问题时，我常举出几位我熟识的前辈和朋友求学、学成的例子以及他们艰苦的历程、困难的条件。门类尽管不同，奋发并没有两样。

当代金石篆刻名家金禹民先生，既是我熟识的朋友，又是我常向有志求学的青年常举的一位榜样。

金先生幼年家境寒苦，在北京一家小文物店中帮工。自己爱好篆刻、书法，当然没有适当的条件。恰巧篆刻学的前辈大家寿石工先生常到那店中买东西，金先生把自己摸索学习的篆刻作品向寿先生求教，极蒙寿先生的鼓励和指授。试问这种店铺，能像课堂那么容得详细讲解吗？来往的顾客能像教师在黑板上书写例证吗？而金先生就这样从寿先生那里不但学到篆刻的基本方法，还学到篆刻中更重要的道理，因而才能深入于师法，变化了师法，终于逐渐形成自己的风格。在治印之外，金先生还自己潜心探索，参考前代名家的作品，掌握了雕制印纽的艺术，这就是寿先生传授之外的成就之一了。当然更不例外，和历来的篆刻名家一样，写得一手很好的各体书法。在这样的学习条件下成功的例子，当然不止金先生一人，例如清代的汪中先生、近代的杨守敬先生、当代的徐宗浩先生以及若干前辈，又哪一位是一帆风顺地在其平如砥的学习道路上学成的呢？

我不会写篆书，也没有学过刻印，但我为了使用印章，常求朋友刻印。年多了，积累了不少印章，也使我受到熏陶。虽不知其所以然，却也能辨别流派，我求金先生给我刻过许多印，我仔细把玩起来，在我所能说得出的感受，大致是这样：每划的刀口，总是那么自然的、准确的、平正的、不加修饰的。下刀处那么恰当，行刀处那么理直气壮，效果上又是那么令人寻味无尽。我也曾见过不少刻印家讲究刀法，并夸耀刀法如何勇猛，如何不补第二刀。但从效果上看，好像只见刀痕，不见印文。我看金先生的印章，入眼的先是一个画面，一幅巧妙织就的图案。再看它组成的材料，是一条条的光润刀痕，每一刀痕，又都是内含千斤，只用四两的力气。依我这外行人的体会，这大概是刀法与章法处处统一的结果吧。我又从印面上看到一幅幅的篆书作品，不过是用红色印泥写成的罢了。自不待言，这和他的书法功夫又是统一的。胸有成竹，是论画竹的一句名言，我借来说明我对金先生治印的艺术的理解，他是胸有现成篆字，胸有现成印章，腕有现成的刀锋，三者密切结合，成为一体，而这一体，又绝不是临时凑起的。

我们从这里得出一项经验：就是每一种艺术，绝不是单一方面的修养所能造成的，更不是三天两日所能练就的。金先生曾为我刻一印，我在他案头看到他在纸上画出这方印的样本，不仅止字迹笔划的安排，而是连笔划应粗应细处，都设计出来，可见他在每个寸余的石面上，都是如何精心用意对待的。如果不是我偶然的看到，又谁知那些单刀直入、不加修饰的印章，是怎样刻出来的！至于他晚年左半身偏瘫，还把印石挤在桌边，用右手刊刻不辍的事，更是人所共知的。

金先生的艺术，当然不是每个学人必学的；他的学习经历，也不是每个学人同遇的；但他那样刻苦学习、精心探索、病残不懈的精神，则是不分年龄大小，不论学术门类，也不管在什么工作上，我觉得都是名副其实的学习榜样！

　　金先生平生刻的印、治的纽、写的字，当然流传甚广，晚年病废，即印稿也散失了不少。现由金先生的弟子金煜同志辛勤搜集，得成此册，不但对于纪念金禹民先生是一件盛事，我想一定有不少向学之士，将从这册中得到启发，受到教益，这也足以实现了禹民先生的意愿了。金煜同志还在不懈地继续搜集，我们还热诚地希望能随后看到这个印存的续集。

一九八二年八月

# 《陈少梅画集》序

陈少梅先生讳云鹤，以字行，湖南衡山人。父梅生先生讳嘉言，是清代的翰林。少梅自幼即受到很深的文化教养。年稍长，喜绘画，从老画师金北楼先生学，蒙赠"升湖"的别号，为北楼先生最晚的弟子，画诣在同门中卓荦无少逊色。我比少梅先生虽仅小两岁，但学画时望先生的作品，已如前辈名家，可见他成就之早。

先生画，早年工人物，后多作山水，下笔便沉着爽利，这无法不说是出自天然。学宋派山水，较豪放的似戴进、吴伟一路，但边幅修洁，删略他们那种粗犷的习气；细笔的似周臣、唐寅两家，又能在潇洒中不失精密严格的法度。

他题画的书法，着字不多，而笔笔耐人寻味，足与画笔的气息相映发。元代画家倪瓒，书法学六朝人，僻涩中独具古媚的风格，后世像恽寿平、僧浙江等都曾学过他，并不能十分相似，足证不易模拟。少梅先生学倪氏的书法，则真可说是搔着痒处，令人惊奇而又喜爱，并不在他的画法之下。

少梅先生平生绝大部分时间是在天津教画卖画，在许多次展览会中的出品，无不深受好评。曾任美术家协会天津分会的副主席，这已是他逝世一年前的事。一九五四年九月，先生来北京不久，一天他怀中带着两个干馒头去向老母问安，自说已用过了饭，不意就在老母面前突然倒下。先生生于一九〇九年，这时仅有四十五岁。最可惜的是新中国成立后，祖国文化艺术走向繁荣的时刻，这位在艺术上极有成就、在年龄上前途无限的画家，竟无法更多地贡献他的才能和力量了，这又岂是陈少梅先生个人的不幸而已呢！

# 《叶遐庵先生书画集》跋

遐庵先生早岁之文章政绩，具见于《遐庵汇稿》中。昔年虽曾捧读，以所书者皆当功髫龀时事，故蒙然无所识解。功年稍长，先生旅寓南陬，遂亦无缘抠谒。

一九四九年下半年，先生来京，于武进赵药农教授家观其所藏成容若手札，卷后有功所尘点之长跋，竟蒙剧赏。一日获谒于广坐间，先生首举此跋，多所勖勉。

此后请益升堂，获闻绪论。见先生于中华民族一切文化，无不拳拳注念。每谓民族兴衰，文化实为枢纽。而伦理道德、科学技术，罔不在文化之域中。未有无知无识，独能卓立于强邻之间而不遭覆灭者，乃知先生深心之所在焉。先生亦曾收集市上散佚之文物，常钤小印，文曰"玩物而不丧志"，此其意之所寄也，岂戏语哉！

昔当先母病剧时，功出市附身之具，途遇高轩，先生执功之手曰："我亦孤儿也。"言次泪下沾襟。其后黑云幻于穹苍，青虫扫于草木，绵亘岁年，而先生亦长往矣。阇维灵骨，渡江而南，竟不获攀辒一痛。今裂生纸，草短跋，涕渍行间，屡属屡辍。虽然，纵果倾河注海，又讵能仰报先生当年沾襟之一掬耶！

先生体短而神清，食少而气王。每见米饭只用半盂，面包只拈一片。盛筵之上，亦但取肉边之菜。而文章浩瀚，韵语丰穰，书法则天骨开张，盈寸之字，有寻丈之势。谓非出于异禀，不可得也。

恭绍教授叶大医师，先生之胞妹。为辑印遗墨，成斯一册，命加题识。因抒蠡管之见，以谂读者。足于零缣断楮之中，想见先生不丧之志，以知中华文化之兴替，实有系乎民族之安危者，又不仅此书画之可宝爱也！

# 《藏园老人遗墨》跋

藏园老人傅增湘先生（一八七二—一九四九），字沅叔，号藏园，四川江安人。先人旅寓天津时，遂肄业于保定莲池书院，当时即以诗文蜚声，深受山长桐城吴汝纶先生之奖誉。光绪二十四年戊戌成进士，入翰林，官编修，出为直隶（河北）提学使。时政治风气初开，念女子独求学无门，乃创设女子学校，成就人材甚多。先生晚岁，犹时有当日女门生登堂修敬者。

共和之初，以育材之绩久著，受任教育总长，后退居京华，以古籍自娱。搜罗勘校，夙夜精勤，有少壮之士所不能堪者。手校群书，一万六千余卷，今俱为北京图书馆统一保存。遗著已刊行者有《郘亭书目订补》《藏园群书经眼录》《藏园群书题记》等。又每于春秋佳日，与朋旧出游名山，有《游记》若干卷，已刊板，未及刷印。平生所撰诗文稿积若干册，尚待整理。

晚年得花笺一束，因自书近体诗，得百余片。又得朱丝阑素笺一束，自书古体诗，方及廿余幅，即患病不复能书。病榻上犹自披阅检点，盖惬心之作，亦绝笔也。

长白英华先生创办辅仁大学，推先生为董事长。及大学院系调整，辅仁大学与师范大学合为北京师范大学，先生已不及见矣。

计先生生平仕履无一事不关文化教育者，生活无一日不亲图书笔砚者。展观斯册，笔笔精工，字字楷正，自始至终，未见潦草点画。昔人有言教身教之说，窃谓先贤墨迹，足资启迪，书之为教，堪与言身并重焉。

先生戊戌殿试时，先曾祖获预读卷，故通家往还，至今已历五代。功以世谊再晚，昔曾亲承提命。自违训诲，长缅懿型。捧读遗编，敬付影印。敢告后来，俾知矜式。

公元一九九四年秋日，启功谨识

# 《徐无闻先生著作集》序

孔子曰："智者动，仁者静；智者乐，仁者寿。"吾友徐无闻先生博通训诂及金石文字之学，执教于蜀中高等学校，诲人不倦，学人共仰之，且信其必寿也。讵知竟以顽症而不得延其天年。岂圣语之无凭耶，医术之不效耶，抑人事之不平损其乐而及其寿耶？乃知世道有待而和平，科学有待而昌明也。

无闻先生讳永年，字嘉龄，以耳病失聪，自号无闻。教授于西南师范大学，著述甚富。于古文字之考辨，造诣尤邃。暇则挥毫作书，古、篆、楷、行，罔不精工。其篆法深稳，独得渊穆之度。出其绪余，施于铁笔。印学自邓完白、吴让之以下，日趋于躁，更下至以毁瓦画墁相矜尚。虽时世以同文尊秦法，而刻石铭功，铸印示信之法，则荡然无复遗存。先生篆书不减王虚舟、钱十兰，而治印则远绍吾子行，近迈王福庵，其学识有所不同也。

学友刘石博士，曾受业于先生，数年前北游首都，时相谈艺者有年。言及先生之人品学问，常掩泪而述之。夫浩劫之时，学校中莫不以鞭挞师长相煽惑。十年之后，竟有师友之谊相感不啻骨肉者，于以征先生教泽之深且远矣。

不佞自一九六三年于役重庆，于西南师范学院初识先生，而谈艺论学，有如夙契。其后以燕蜀路遥，非学术会议不恒相晤。计平生会面，仅三四度。每于刊物中见先生之文章翰墨以及篆刻印蜕，俱不啻有剪烛夜话之乐，忽闻其久病不克治，又不啻生平久要之情，为之深哀而痛惜也。

今闻其及门诸友哀辑先生论学及书艺篆刻遗作为集，下征一言，谨述所怀，以告世之读先生之书者。知其人然后知其学也。先生生于一九三一年，卒于一九九三年，年仅六十二岁。知动静之训，未尽足征，不独太史公之慨夫"天道无亲，常与善人"之说盖有不必然者矣！

一九九五年八月长白启功拜稿

# 《碑别字新编》序

赵政身与鲍鱼同腐，而有三事为后世所艳谈，曰："书同文，车同轨，行同伦。"伦轨如何，今已不得而考，唯同文之书，一似有金石可按者。然余尝并列权、量、诏版、名山刻石以观之，其字每相出入，初不见一律尽同之概。此无他，字形尽一，而人手不同，即出一人之手，亦或因时而异。乃知书之同文，仅具一时政令而已。

迨至今隶既兴，其用归于简便。于是六朝别字，诡异纷繁，每使考文辨字者，望而兴叹。有清赵氏㧑叔，首有《六朝别字记》之作。不聒正俗，但列异形。顾其书为未竟之手稿。其后上虞罗氏复有《碑别字》之辑，所著之别字，已十百倍赵氏之稿，上涉汉碑，俱归楷写。有功学林，为读碑之助久矣。

地不爱宝，近世出土碑志日繁。吾友秦公同志，日亲金石，夙具深心，每见异体之字，辄随手摘录，积累日丰，竟又倍罗书而有余，亟怂恿其清写出版。盖不独为读碑之助，亦足为探究文字演变者之鉴。

吾于此又悟，文字孳乳，生生不息，欲求其一成不变，其势实有不能者。但使轮廓可寻，纵或点画增减，位置移易，亦不难推绎而识之。今人常言"方块字"，其方圆功罪，吾所不知，惟念汉字流传数千年，自甲骨、金文，以至联绵狂草，人得而读者，正以有块可寻耳。

今后文字，有块无块，吾所不能预知，惟知自今以前，块之为用大矣哉，以能按之而通别字也。是为序。

一九八四年一月

# 《广碑别字》序

字辨正俗，至唐代颜氏元孙《干禄字书》可谓析入毫芒。而作书者随手为字，虽其子侄若鲁公固曾手录《字书》以上石者，其所书碑版，堂堂俱在，谛审点画，亦未能逐字必从其正。异代书家以至经生、令史所书，上至纶言制诰、金口雷音，亦不克一一求其尽雅尽正如颜氏《字书》所指者，而况信手操觚若簿录、零丁，又安能必其一无俗别者乎！

吾闻赵政之法，以书同文为后世所艳称。详校诸遗刻，字迹点画固有未尽划一者，若瓦量诏版，参差尤不鲜见，乃知所谓同文，无非聊以自怡，而愚黔首之一端耳。

且夫所谓划一，又有功令未见明著，而世行简札又累见不一见者，似正非正，并不减于国讳、家讳者。有清末叶，公私文牍，若"羣"不能作"群"，恐君与羊平；"伏"不能有点，恐人作犬伏者。俗愈薄则讳愈奇，而清祚于是不久矣。如此之类，似别非别，又颜氏《干禄字书》、赵氏《六朝别字记》、罗氏《碑别字》无所措手者矣。

吾友秦公先生湛深古石刻之学，留心碑版中别体之字，搜罗记录，为《碑别字新编》一书，不佞曾忝为之序矣。今距前书付刊，又十余年。秦公先生随手札录古刻中之别体字又积若干，成兹续编，为《广碑别字》一书。今行将出版，下征一言，因再贡刍荛，以为他日三编之券可乎？

窃谓碑版之刻，其文字正别固由书人，而石工奏刀，于点画或遗或略，则非尽由书丹者之笔误也。且近百年来，地不爱宝，若楚之竹简、晋之盟书、儒经、诸子、赗册、医方，又若敦煌吐鲁番所出六朝、隋、唐释道诸藏经，综计字数，并不减于历代石刻。又兼影印之术大行，东瀛所传天平以来抄本古籍，今日迻读，每见东邦别字之罕为中土所见，有须亟为识别者。昔与赵万里先生谈及此事，先生亦以为古墨迹中之异文别体颇有须加辑录者，并不减于碑版也。不佞功今已垂老，无能为役，敢以敬告秦公先生，既有综理文物之便，以其余暇，兼及古墨迹中之异体别字而尽录之，以成三编、四编，乃至多编，其于迻读古籍之助，又颜氏以来，赵、罗诸家所未尝涉及者，其功之巨，可胜计哉！不佞以烛跋余光，是敢与并世读者跂而待之者！

一九九五年八月，启功时年八十又三

# 汪雨盦教授书展书后

　　我和汪雨盦先生从前虽然未曾见过面，他的大名和他的诗、书作品，却很早就从香港的朋友那里闻、见很久了。我少年时初次在琉璃厂甸书摊上买书，首先买的是一部《述学》，这是乾隆时汪容甫先生的著作。容甫先生名中，读了《述学》，对这个名字，便起了崇高的敬仰之心。后来得知有一位与古人同名的学者汪雨盦先生，不知什么原因，竟觉得见了司马相如也可以安慰"慕蔺"之心。前年雨盦先生访书而来琉璃厂肆，又蒙枉驾贲临寒舍，初次晤言，竟似有平生之谊。他深湛的文雅，镕入质朴的天真中，真可谓"标格过于诗"，不禁幻想，这是不是安徽学者的特点，或是"古塘倦翁"的遗韵吧！承他赠诗一首，我这里不敢举出，只节引五字，说我"巍然翰墨场"，我只得认为是"猥然"的音近笔误了。

　　再后屡次读到影印手写的和陶等诗稿，以及为朋友书画卷后的题咏，对汪先生的诗作和书风，都有同一种的感觉，即是虚灵挺拔。我在青少年时，因体弱多病，有些长辈教我练太极拳和静坐，许多招数并没学会，如今更已完全遗忘，但所听过千叮万嘱的口诀，却还记得，就是要虚灵挺拔，虚灵是不许丝毫有意用力，挺拔是不要自我疲软。后来学作诗学写字，也逐渐懂得，诗不应字模句拟，字不需用力执笔，什么时候用了意，用了力，那里的句和字必然僵硬。

　　雨盦先生研究杜诗，海内外早已知名。教杜诗，从学者无不服膺，但读他的作品，却没有任何篇章字句是有意模拟杜甫的。王渔洋专奉

"无迹可求"为诗的标准，其实他只是把明人李、何一派刮垢磨光，"无迹"只是刮光棱角而已。他说白香山诗可选的少，不难理解，白诗有血有肉，有性有情，不像"定窑瓷观音"那么白那么光，所以不能入选。而汪先生的诗，我觉得真够上无迹可求，也就是从中找不到任何模拟的痕迹。而作者的性情，却是令读者在会心中得到振奋。

看到汪先生的字，恰恰和他的诗格有极其共同之点。从点画上看，处处自然，都合法度，但没有一丝一毫什么"藏锋"啦，"逆笔"啦，什么"始艮终乾"（包慎伯引黄小仲语）啦，等等矫揉造做的地方；从顺笔映带处看，大约行笔写来比较轻快。轻快不难，但下笔轻而姿态美，行笔快而结构准，轻而不浮，快而不误，便是功夫深厚又能消化的明显特征。我每次看了汪先生的字，常常反省自己的字迹，不知为什么，写快了即轻浮，写慢了即钝滞。记得刘石庵有给伊墨卿的手札说："气骨膏润，纵横出入，非吾所难，难在有我则无古人，有古人则无我，奈何奈何！"按有古人即是像了帖上的字，无我即是不自然。反过来，随自己的性格习惯写出的，又不像帖上的字了。今观汪先生的字，可以想见下笔时似乎根本没想有古人，只是自我抒写性情，没有一处在笔下自我暗示"这是魏碑""这是颜体""这是苏黄""这是现代"……

我从事教书，已近六十年，其间所学所作的内容，绝大多数与艺术有关，字和画固然属于艺术，诗和文又何尝不是艺术！不管什么艺术品种，不管它们各自的艺术语言是怎样，它们的目的和所要求的效果，都有共同之处，即是要"感人"，而观者用自己的语言去介绍任何一项艺术品，就不易了。把名家作品介绍与学者，本是教书人的重要职责，但我深深感觉到这是一件无比的难事，因为用我们的语言介绍一家、一项、一件作品，即等于我们另作一次那个作品给人看，即使是一张摄影，也不可能面面俱到；即使是全息摄影，活动的录像，也表现不了那件艺术品是金是瓷是丝是纸的质地和重量。借此足以说明我对汪先生的书法，想写一些内心的佩服，而无从表达他艺术修养的深处，是不奇怪的。"口门恨窄"，想读者和汪先生是能原谅的。

我从朋友处得知汪先生喜好董其昌的字，我们又曾共同在紫禁城中故宫的漱芳斋内欣赏了唐宋元明的法书名品，见他随口评论，都那么"搔著痒处"，才知他虽喜爱董字，只是比较而言，他吸取众长，并不局限某家某派。才明白他既好董书，笔下却不见一毫董法，更不用说董书习气的沾染了。

总之，无论汪先生的诗作或是书艺，给我最突出的印象，即是虚灵中有挺拔，这当然根原于天赋性情，也证明由于学养有素的。以一个共同职业者，又是具有共同爱好、共同语言、共同气味的旧交般的新知，在作品展览场外，说几句以少见多的话，不全面是必然无疑的，不真实则可信不会太多吧！

艺论辑

# 《启功书法作品选》自序

启功生于一九一二年，幼而失学，提不到有什么专长。从做童蒙师到在大学教书，已经过了五十年，中间做些"副业"，只是写写画画而已。

近年谬蒙许多朋友的抬爱和鼓励，得以厕名于"书法家"之林，实在非常惭愧。现在北京师范大学出版社的朋友把我近些年写的一些作品，搜集成册，将予出版，叫我自己写几句前言。我想这一堆"雪泥鸿爪"在拿出手来之前，至少应该把我学习书法的一点甘苦和编排上的一些经过，略加交代。

幼年看到先祖的书案旁边挂着一大幅墨笔山水，是我一位已故的叔祖所画，山川稠密，笔划精细，我的印象，觉得这画是非常雄伟的。先祖又时常拿过我手中的小扇子，在上面随便画些花卉竹石，信笔而成，使我感到非常神妙。从这时起，我常想，一个人能做一个画家，应该多么高尚啊。后来虽然得到些学画的机会，但是"画家"终没做成。

至于写字，当然自幼也不例外地描红模、写仿影，以至临什么欧、颜字帖，不过是随时应付功课，并没有学画的那样"志愿"。在十七八岁时，一位长亲命我给他画一幅画，说要裱成挂起，这对我当然是非常光荣的，但是他又说："你画完不要落款，请你的老师代你写款。"这对我可说是一次"沉重的打击"，使我感到"奇耻大辱"。从此才暗下决心，发愤练字。从这事证明，愤悱实是用功的起点。

现在回顾练习写字的过程中，颇有些曲折。记出几条来，既以向前辈方家请求印可，也以奉告不耻下问有同好的朋友们，或可省走一些弯路。

一、曾向书家求教，问从执笔到选帖的各种问题，得到的答案，却互相不同，使我茫然无所适从。

二、所学只是在石头上用刀刻出的字迹，根本找不出下笔、收笔的具体情况。

三、后来得见些影印的唐宋以来墨迹，才算初步见到古代书家笔在纸上书写的真像。好比见着某人的相片，而不仅是见到他的黑纸剪影了。

四、学习古代书家的墨迹稍微觉得有些入门时，又听到不少好心的朋友规劝我说："你的字缺少金石气。"可惜那时我已六十多岁了，"时过而后学，则勤苦而难成"。再者，所谓"金石气"，实际就是刀刻的那些现象和趣味。虽然"恒言不称老"，但六十多岁，至少从脑到手，也僵化了许多，即使想再拿毛锥来追利刃，也已力不从心了。

五、练写字总是在冷一阵热一阵中过日子，怎么讲呢？临帖有些相似了，另写文词或帖上没有的字，就非常难看。慢慢地能自寻办法写出一张另外的文词，章法也算过得去了，但只能看整片，禁不起挑出任何一个字来看。

六、某段时间写了些张字，觉得熟练些、美观些了，过时再看，便发现"丑态百出"。于是加紧纠正、克服已发现的缺点。这样又出现两种情况：一是写得更坏了，真使我"欲焚笔砚"；一是觉得比前可算有些长进了，但旁人看时，又常有人说还是最前那段写得较好。

七、有一次临了两本帖，一是《集王圣教序》，一是智永《千文》墨迹本。有一位青年朋友向我要，我送给他时说："这只是纪念品，你要临学，我另送给你这两种原帖。"没想到他却说："这比原帖好。"我只认为他是专为夸奖我的字，谁知他却郑重地指给我说，哪些字，"帖上的不如你写的"。我这才明白："下里巴人"为什么"和者"那么多。谁都明白，这是误会。但误会何在？有人说："你翻成白话的古文，比原作易懂。"这非常恰当。在此，我的感想，还有一端，即是"夸奖"这一关，也是极严的考验！应正确对待，谨慎而过。离奇的夸奖，还容易清醒，只怕略近情理而又偏高的夸奖，是最难冷静的！

这本"泥爪"册子竟然要出版了，我的心情正如俗语所说："小孩听讲鬼故事，又想听，又怕听。"只有诚恳地请尊敬的读者给予剀切的批评！

关于材料方面是这样处理的：大致按尺度、形式、行数、字数以类相从。后附有旧作一本画册，是在六十年代初期画的。当时每页都有对题。浩劫中，先妻章君宝琛把题字撕下烧了，画片用纸包起。一九七五年她逝世后，我才发现这包画片，重新装裱题诗。这时浩劫还没有完，画得本来幼稚，重题也很局促，过而存之，以作悲哀和愤怒的纪念！

最后要郑重声明感谢的是：赵朴初先生在百忙中为书写签题；我校侯刚君、胡云复君为此册的搜集、编排，以至设计版面，都付出了极大的辛劳；贾鸿年君为作品摄影，随有随摄，加紧洗印，都是我所衷心铭感不能忘的！

# 《书法常识》序言

我从幼小识字时，即由我的祖父自己写出字样，教我学写。先用一张纸写上几个字，教我另用一张较薄的纸蒙在上边，按着笔划去写。稍后，便用间隔的办法去写，这个方法是一行四个字，第一、第三处由我祖父写出，第二、第四处空着。我用薄纸摹写时，一三字是照着描，二四字是仿着写。从此逐步加繁，临帖、摹帖、背临、仿写……直到二十多岁，仍然不能自己写出一个略可看得过的样子。

在十八九岁时，羡慕画法，也希望将来做个"画家"。拜师学画，描个框子，还可算得一张图画。但往上一写款字就糟了，带累得那勉强叫做画的部分也都破坏了。于是发愤练字，这个练字的过程，可比用钻钻木头，螺旋式地往里钻，木质紧，钻的钢刃钝，有时想往里钻，结果还在原处盘旋。这种酸甜苦辣，可说一言难尽。请教别人，常是各说一套，无所适从。遇到热心的前辈，把某一种帖、某一方法，当做金科玉律，瞪着眼睛教我写，这种盛意，既可感，又可怕。

及至瞎摸着学，临这一家，仿那一体，略微可以题在画上对付得过去一些了，也不过是自己杜撰的一些应付之法，画上的东西向左歪些，题字就向右斜些。如此之类，写了些时，但离开画面，就不能独立。

又遇到"体"的问题，什么"颜体是根本""赵体最俗气"之类的说法；"古"的问题，什么"篆隶是来源""北碑胜唐碑"之类的说法；"方圆"笔法的问题，什么"方笔雅""圆笔俗"之类的说法，等等。及至我去如此实践，有的并不是那么一回事，甚至所说与客观事理完全相反。举一极简单的例，如：用圆椎形的毛笔，不许重描，来写出《龙门造象题记》那样方笔，又要笔笔中锋。试问即使提出这个说法的本人，恐怕也没有解决的办法吧！我在误信种种"高论"之后，从实践中证明它们全属"谬论"，至少是说者对那些现象的误解。此后，我的思想才从"迷魂阵"中解放出来。

再后，陆续看到历代的墨迹，再和刻本相比较，才理解古代人写的墨迹是什么情况，用刀刻出后的效果又是什么情形。好比台下的某位戏剧演员是什么面貌，化了装后在台上又是什么面貌。他在台上身材高是因靴底厚，肩膀宽是"垫肩"高，原来台上的黑脸包公即是台下的演员某人，从此"豁然心胸"，我写我自己的字了。中间又几次看到出土的和日本保存的古笔实物，更得知有的点划是工具决定的，没有那样制法的工具，即属同是不加刀刻的墨迹，也写不出用那样工具所写出的点划。于是注意笔划之间的关系，注意全字的结构，注意字与字之间的关系，注意行与行之间的关系。临帖时，经过四层试验，一是对着帖仿那个字；二是用透明纸蒙着那个字，在笔划中间划出一个细线，这个字完全成了一个骨骼；三是在这骨骼上用笔按粗细肥瘦加肉去写；四是再按第一法去写。经过这样一段工夫，才明白自己一眼初看的感觉和经过仔细调查研究后的实际有多么大的距离，因而又证明了结构比用笔更为重要。当然没有用笔，或说笔没落纸时，又怎有结构呢？但笔向何处落，又是先得有轨道位置。所以，用笔与结构是辩证的关系。赵孟頫说："书法以用笔为上，而结字亦须用功。"我曾对他这"为上"和"亦须"四字人有意见，以为宜以结构为先，至今还没发现这个见解的错误，但向人说起来时，总有争议，后来了然："结字为先"，是对初学的人为宜，老师教小孩拿铅笔在练习本上抄课文，只是要他记住字的笔划，并无"用笔"可言，已会写字，有了基础，所缺乏的是点划风神，这时便宜考究用笔。赵孟頫说这话时，是中年时期，是题《兰亭帖》后，这时他注意的全在用笔。譬如中国餐的习惯是吃饭之后，喝一碗汤；外国餐的习惯是先喝汤，后吃主食。但谁都知道，只喝汤是不会饱的。于是我对先喝后喝的问题，也就不再和人争辩了。

至于实践，从题画上的字稍能"了事"之后，如写什么条幅、对联，等等，又无不出丑。新中国成立后有了新兴的练字机会，抄大字报，抄大字标语。这时的要求，并不在什么笔法、字体，而是一要清楚二要快，有时纸已贴上，补着往上去抄。大约前后三十年，把手腕、胆子都练出一些了，才使我懂得，不管学什么，都要有一种动力，无论这动力从哪方来，从下往上冒，从上往下压，从四面往中间冲，都有助于熟练提高。大字报现在已有明文废止，也不能为练字而人人去写大字报，这里所说，只是我的一段经过，并且说明放胆动笔的好作用罢了。

练书法要不要临帖，如果要，为什么？这是常听到的问题。我个人认为，弹钢琴要练名家的谱，谁都知道，不是为将来演出时，只弹这个谱子，而是为了练习基本功，从前人的创作中吸取经验，自己少走些弯路。又有人提出说为什么临帖总不能像，我的回答是永远也不能像，谁也不能绝对像谁，如果一临就像，还都一丝不差，那么签字就不会在法律上生效了。推而至于参考前人的论说，即使是自己认为可取的论点，最好也通过实践试验，不宜盲从傻信。

我个人在练字过程中，也曾向书本请教，什么《书法正传》，什么《艺舟双楫》《广艺舟双楫》，等等，愈看愈不懂，所得的了解，是明白了从前听到别人给我讲写字方法的那些论点，原来大都是从这类书里来的。不过有些更加玄虚，有些引申创造罢了。于是我便常向朋友劝告：要学书法，有钱多买字帖，少买论书法的书；有时间多看帖、临帖，少看论书法的书。要加声明：这里所说"论书法的书"，当然是指古代的，因为它绝大多数玄虚难懂。如果扩大一些范围，凡是玄虚难懂的都可以暂时节省些眼力！

近十年来，书法又被提倡，更加为广大群众所喜闻乐见了。于是作为常识读物的参考书和提供借鉴欣赏的碑帖，也纷纷出版，爱好书法的同志找我们来讨论门径、切磋技法的也日见其多。因此浙江古籍出版社要求我们编写一本小册子来补这个空白（当然在这本小册子编写、出版以前已经有了好几本这类著作，已是珠玉在前了。我们这本不过是拾遗补缺，只算补珠玉之间的小空隙罢了）。

秦永龙同志是我们同校、同系、宿舍毗邻、日常相见的同好、同志，他是教古代汉语、古代文字的，他对书法的研究，一方由于爱好，一方无疑的是从研究文字变迁而来。他平时治学不苟，写起字来也笔笔认真，一字一行以至一幅，也都各具匠心，绝不随便。起草这本稿子，也是极费推敲，多次修改的。他还非常谦虚，因为稿中所写的有些问题，是我们平常议论过的，所以一定把我的名字列在前边。这篇序言，也有借纸答覆读者的意图，因为许多同好，常问我学书法的"经验"，"经验"哪里敢说，只说"经过"，也是"甘苦"而已。因此我也顺便想起，如果当代的各位老前辈、大书家，肯于各自谈些"甘苦"，哪怕是小故事、碎评论，集在一起，也是我们后学借鉴的财富。抛砖引玉，借地呼吁，我想一定会有人起而做搜集编排工作的。

本稿所用插图和图版，一部分借自朋友所存，另外大部分是贾鸿年同志所拍摄，谨在这里一并致谢！

一九八七年九月二日写于北京师范大学

# 启功书画留影册自序

启功自幼喜好绘画，曾经希望长大了做个画家。十五岁后从师学画，终因画艺不够成熟，无法藉以谋生，便做了童蒙师。陆续走上在中学、在大学教语文的道路，画艺虽未完全抛掉，但进益不多。四十年前教育工作又要求"专业思想"，当然兼顾既不可能，同时也不许可了。

这时以后，写字虽然不能拿出手去，但自己在家费纸乱涂，也还受卖纸的人欢迎。历次满墙贴大字报的时候，我更是"大显身手"的一名"钞写匠"，或者竟成为"钞写将"，总之，毛笔字总算没有间断地写。至今虽不够成熟，总还误笔不多。至于册中那几幅画，更是临时为装点展览会场略增热闹的。抛荒了四十多年，临阵磨枪的产物，焉能登大雅之堂！

我虽然写了许多年的字，但手下并没留下什么成品。现在印在这里的一些件，都是已经馈赠出去了的。其中大部分是前年冬天为募集"励耘奖学助学基金"时，奉送给慨捐重资的仗义朋友作为纪念物的一部分。为什么不说是售出的展览品？因为我的习作字画，根本值不了那些钱。物轻谊重，不说是良朋义举的纪念品，可又能算什么呢？其次，是一次小展览中的四十件非卖品中的一部分，那些作品于会后一半赠送给展出的团体，留作他们随时展览之用，一半赠给师范大学留作馈赠用的礼品。再次是一些平时临碑帖的小幅，已被亲友分存，这次是借回拍照的。由此原因，所以题目选用"留影"二字，大约可算比较恰当而且符合实际的。

　　人生"老"与"懒"常常密切联系着。今年夏天过后，我即够八十足岁了，即使自奋秉烛之勤，又能再写多少呢？何况体力日见其衰，手眼日见其退，所以赶快印出这点点旧作来，为的是早些求得高明指教，以便趁此余光，努力争取鞭策。万一得到纠正的机会而再有寸进，都是尊敬的读者所赐，诚望批评，不胜企盼之至！

一九九二年元月

# 《启功三帖集》前言

　　"碑""帖"这两个"词"，是书法范围中常见的两项内容：碑是刊刻名山、庙宇沿革以及名贤、显宦的事迹；帖是一些著名文人、书家给朋友的书札甚至便条，后人为了欣赏他们的笔迹，把它刻在石上以广流传。所以碑的名称是指石材，帖的名称是指纸张。由于后人为了保存，常常把碑、帖的拓本裱成卷、册，以便于展观和临习，又统称之为"帖"，这是碑、帖的原名之外的第三种名称了。

　　我从幼年习字，先摹先祖写的字样，后来上小学，习字课上也临习过唐碑，但拓本中看不出行笔的轻重、用墨的干湿，有人把魏代造像记那种刀斩斧齐的笔划认为是方笔，写字时描头画角地描出方条的笔道。后来见到古代墨迹的影印本，才得知那些方条的笔划是由于刻字的工匠按笔划四周刻成，并非写者用笔如此。后来做了些论书绝句，有一道说：

> 少谈汉魏怕徒劳，简椟摩挲未几遭。
>
> 岂独甘卑爱唐宋，半生师笔不师刀。

　　近年刊刻"碑林"的风气颇盛，原因有许多方面，其中一项因素是刊刻的方法有了进步。

　　古代刻字，一种是写者把字直接写在石面上，刻工即在写的字迹上用刀刊刻，宋元以来书家把碑文写在纸上，刻者用薄纸从正面按笔划周围钩出，再用白粉钩那薄纸的背面，再把白粉笔划轧在石面上加以刊刻。这类刻法都容易走却墨迹的原形。现在刻工用电力通到刻刀上，不用铁锤锤那刀柄，省力与准确两全其美，但笔划中的干湿浓淡仍不能传出。但书法与绘画究竟不同，为了临习，浓淡有所不足，也不致妨害笔划结构的主要作用。

这册"三帖"前两种是大块石碑上所刻的，后一种是从一个卷轴写本上影印出来的。成为黑地白字，碑文也剪装成册，所以就从俗称为三帖。刻成的、写成的虽有不同，但它们的效果，如不仔细观察，也几乎看不出区别，足见今日刻法的进步。

北京师范大学出版社辑印拙书三种成册，又嘱我写此前言，即在这里敬求读者予以严格的指教！

# 启功书法丛论前言

我上过小学，小学有一门书法课，我写的成绩虽不算最糟，也不够中上等。同学中写得好的有几位，他们有临华世奎的颜体字的，有学魏碑体的，有一位叫白志铭的师兄，他在家中受到一定的文化教育，写的字很有成熟的风貌。听几位优秀师兄们谈起他们自己的心得，什么方笔啦，圆笔啦，愈听愈糊涂，感谢白师兄说了些执笔不要死，手腕不要有意悬空，临帖不要死描点划，等等，我才算初步开了窍。后来离开学校，从戴绥之先生学经史词章，写字也不那么专心了。

在二十世纪三十年代受教于陈援庵先生门下，初到初中教书，批改学生作文，又有字迹像样的要求了，这时影印碑帖已较风行，看到赵孟頫的胆巴碑和唐人写经的秀美一路，才懂得"笔法"不是什么特别神秘的方法，而是按照每笔的点划在结字中的次序先后，长短、肥瘦、左右、圆转，顺序摆好，那么笔法、结字，都会好看了。此后才明白"方笔"是刻字工人在字迹上直接按每一笔划四周用刀直刻的刀痕，"圆笔"是刻字工人注意字迹点划的每笔边缘，宛转用刀锋去刻出的。

后来到了辅仁大学教书，陈校长非常重视学生的文笔，尤其重视学生作文卷上的批字，常说如果学生卷上的字比教师批的字好，教师应该如何惭愧！一次命我作一场关于书法的演讲，用幻灯放映许多碑帖的样本，命我按照碑帖的字迹作文评论。陈老师拿着一个长木板条（预备教师在黑板上划直线用的）在地上拍打，指挥应该换一个碑帖样片了。看到、讲到好的字样，观者大都赞叹，看到龙门造像中那些难看的字，都有表示难看的笑声。这次小讲演之后，大家练写字的风气为之一振。我怎么知道？因为常有师、生拿写的字给我看，我才得知是那次讲演的效果。

以上是我从幼年学写字的初步经历。现在北京师范大学秦永龙教授请李同志（洪智）把我以前关于书法的讲演、笔记、题跋全都抄出来，请文物出版社印为一册，使我既感激，又惭愧！我这垂暮之年，耳目俱衰，视听之力锐减，书写更不成字。方家垂教，感戴之余，徒增歉愧矣！

二〇〇三年七月

# 题陈奇峰篆刻集

中国的艺术种类很多，屈指计算，十个手指绝不敷用。一般说来，很容易脱口而出的，是书画篆刻。这三项本身固然各有千秋，都能独立自成体系，而三者之间，又互相依存。合之则三美，离之则三不足。其理由不待多说，只要看看三项合成的作品，再看看只有一两项的作品，哪个更美观就不言而喻了。

许多书家、画家、篆刻家，未必每人同时具备这三项艺能，但我们常见某一类风格的书画家自用印章，都与他们的笔墨风格相调谐。印章虽然非尽自刻，却足见他们选择的篆刻艺术标准。

近代同时兼长这三项艺术且负大名的，首推二人：一是住在上海的吴昌硕先生，一是住在北京的齐白石先生。齐先生寿更高，创作的时间也更长，他的书画篆刻给后学开了许多广阔而方便的门路，受到很多人的崇拜和追随。人所共见，亦步亦趋者多，自立成功者少。原因是消化了师法才能自立，深入师法而能消化又谈何容易！这正足以说明作祖师的伟大处，和学人真正了解祖师的难处了。

我的老朋友陈奇峰先生，既是书家，又是画家，还是很有功力的篆刻家。他能画传统的中国画，也能画漫画。听说他在篆刻之外还曾刻木刻板画。我这里并非要开他的艺术清单，而是要说明博通的人，注意力必广，才能不为某一派成法所拘，对各项艺术，才容易具有冷静而客观的见解。陈先生对于近代篆刻家，最佩服齐白石先生，他认为齐先生的刀法自然，毫无拘束。风格变化，而又处处可见自己的性格。据我所知，齐先生不刻金铜牙角等等印料，但我曾见他为吴心毂刻的两大方岫阳石印，朱白文各一方。岫阳石坚硬不易下刀，齐先生却单刀直入，不借助宝砂磨碾。又不论田黄鸡血什么贵重石料，眼下手中，如刻砖瓦。好似大庖师作眼科手术，胆大心细，何等惊人。试问并世印人，谁有这样胆力和腕力？而所刻印文，人都认得是什么字，岂不可敬！

奇峰先生搜集齐先生的印拓六百方，按类分装，订成六册。分类方法很新，除早期作品为一类外，其余为自用印、为朋友和弟子所刻印、自抒胸臆的闲章等，都是齐先生身世和思想的可贵旁证。此外名人私印，齐先生许多自钤印谱中并不为讳，而此集中一律删除，足征体例之严。

这部印集，不但选择精、编法新，又经香港石景宜先生选工选材，自督精印，在近时所见许多印谱中，称得起是一部上乘善本，使学者对于齐白石先生的艺术真谛得获更新更真的认识，即在一般印艺爱好者来说，也平添了一份精神营养，又在爱好齐先生书画的收藏家，也增加一批鉴定印章的参考依据，岂非一件多功能的艺术名著！

公元一九九二年夏日启功读后敬识，时年八十

# 铜山张勺圃先生论书全集读后记

　　张伯英先生字少甫，亦作勺圃，江苏省铜山县望族。早岁贡于乡，中年已入民国，为徐树铮将军延为西北边防军编辑处某职。徐将军擅笔墨，文好桐城，书拟北碑，此亦当时所尚者。勺翁文笔流畅，公余临六朝碑版。功闻于勺翁第三子，时居张宅厢房，告功曰：勺翁中年临《龙门二十品》最多，翁之男女公子屡请择一本影印以示后学，以见临写之勤苦。并言临本用元书纸，每本扎成一卷，俱置老人之床下，直满空处。男女公子欲抽出为选印底本而不得见许。

　　勺翁尤好六朝墓志，每得拓本一幅，必手临一再。前年河北教育出版社影印勺翁书迹选本一大册，其中即印所临墓志若干幅。只见印本，竟不知是墓志原拓抑为临本。足见临帖之时，手眼精到，所谓"一丝不苟"，非谓石上刀痕，盖为写者朱书之命意与刻者刀刃之存真，与夫临者之全神所聚；不仅在拓本之黑白阴阳，而在摄取石上书家脑之所思，腕之起落，聚而为拓本上之字迹刚柔开合，使今日观者眼中所见之临本不啻与千百年前书者笔下意中俱与观者对语也。如此境界，始是临学碑版之优秀结果。今观勺翁之书，行书中自有刚健之骨，真书中自有生动之趣，此勺翁之书之所以为妙也。

　　功每登堂求教，常恐勺翁指教劳神，即申纸求老人挥毫示范，以节语言之劳，藉瞻用笔之法。而先生却检示案头新收之帖，曰此某本，此某拓，其异同何在，优劣何在。功于石刻拓本素日只观点划结构，而未尝留意其刻工刀法与夫纸墨时代，其意之所钟，偏于笔锋墨韵，故临摹赏玩常在唐人墨迹。故所收集赏玩虽敦煌之碎纸零篇，亦必什袭观摩，是以所收碑版拓本每为行家笑其为翻刻。一日，以所临唐写佛经呈勺翁，而蒙老人鼓励，继以所临日本所传智永千文影印之原本呈勺翁，此为原本易主后之最新印本，勺翁见而大惊，曰："此六朝人之墨迹也，子何从得之？"数日后以新得之精印本上呈，老人大喜，功亦大喜。盖老人所喜在得见六朝人之墨迹，而功所喜在曩日以为老人多临石刻必以真迹为河汉，庸讵知在勺翁目下手中之石刻拓本并非尽为昔人之枯骨，实是栩栩然之金字塔中之木乃伊也。

平日所知勺翁喜古碑刻必等闲以待明清名家之迹，继闻于勺翁门婿屠公质甫，言勺翁于明之董香光、清之刘石庵，非徒珍重，且常收购什袭。盖汉字自篆隶草真以下字形虽有差异，而木杆兔毫之笔，右手执以书之，则古今固无异也。真知书者，又何用其轩轾哉！

自古读书人，莫不以收藏著名版本相矜尚，古书中字句异同、篇目多少，固古版有时固是学术所关之根本，有时则是无关紧要处。清代黄荛圃成了古书版本的专家，事实上真关文史的考证、判断的问题，却不见他有什么比较和发现。而勺圃先生于所收、所见的古刻、古拓，通过评论、题跋、考证、题咏、文章等种种不同文体，充分阐释了老人的独到见解。即如《阅帖杂咏》，数十年来，若干传抄本中有诗章多少之异，此固由老人随手增改所致，亦或由稿本之藏者先后所致，因而得知老人在稿纸、信笺、笔砚交游之种种不同，以致稿本之多少遂现异同。今想此集所刊，在老人身后，藏者又是老人之内外子孙，恐今后即有断简遗篇之发现，亦如殷本、金石之罕遇矣。至于勺翁晚年，以法书易米，遗墨流传更难胜计，后之藏家续有搜集、影印之举，则远易于金石刻拓，此我辈后学之眼福，可为预卜者矣。又勺翁曾得明人张正蒙跋之《馆本十七帖》（今在上海图书馆）及唐摹王右军《此事帖》（今在北京文博研究所），曾影印为《右军书范》，流传甚多，今后重印流传，将更为易事矣。

"文化大革命"后，公所藏文物每遭遗弃。一日晤勺翁之外孙屠公式蟠，询勺翁手稿，乃知俱为勺翁之孙张公济和与屠公式蟠所共宝。今经屠公收集，交河北教育出版社为之排印，命功撰"读后之记"。惜功自公元二〇〇三年终岁抱病，艰于执笔，二〇〇四年疾有略愈，谨为属草，所记容有失误，幸张、屠二公惠为改削！

公元二〇〇四年三月，后学启功谨识

# 书画碑刻题跋选

## 跋董其昌临蔡苏黄米四家书字册

香光多见历代法书真迹，发于笔端，虽至不经意之作，亦足以使人寻味无尽。此册临宋四家书，譬如良工写真，观者如闻謦欬，正不在耳目口鼻之间也。纸墨相发，神观飞越，把玩竟日，因识其后。时一九七七年元月，启功寓首都小乘巷寄庐书。古法书不尽带名，观唐窦氏述书赋可知。此册殆当时一帙中之一册，其款在末册中，然真迹固不待款也。

## 跋刘元稷画册

元稷不知何许人，观慨庵跋语，殆即文氏从游者。慨庵生于万历，卒于康熙，子穀之年代可得而推也。画非至工，亦不鄙。

欧初同志得之属题，因各拈韵语，以求指正。一九七七年五月一日，启功。

一九七九年冬日来穗重观此册。欧初同志见告曰：苏耕春同志近为检得画人小传，元稷姓刘氏，吴人，字子毅，一作紫谷。于是疑滞豁然，且愧前岁之检书不广也，因补于后。启功书于流花宾馆。

（启功题此画册韵语见《启功全集之六·启功韵语集》之"启功韵语"卷三《题明人画册八首》）

## 跋董其昌行书小赤壁诗册

香光书不于结构争紧严，不于点画争富丽，博综古法以就我腕，故不触不背，神存于心手之间。若以唐宋名家面目绳之，则所谓"蚊子叮铁牛，无渠下嘴处"。其敢与赵松雪校短长者，自恃正在于此。或有病其滑易者，盖酬应既多，潦草诚或不免。然善观者必观其率意处，方见其不为法缚之妙也。此金笺上书小赤壁诗，纸滑笔柔，无意求工而浩浩然任笔之所之，具见心在得失之外，亦书人之乐境也。思政同志见示，因临一本并识于真迹之后。

一九七七年十月，启功

## 跋明赵左溪山无尽图卷

世人艳说赵文度为董香光代笔事，一若其画。但依傍门户，未必能度越董法者。然余平生所见董画之确出亲笔者，不过如后来伊墨卿、翁松禅之文人游戏笔墨，不能以六法求之也。而文度之作，工力湛深，识解超卓，不但无一笔文、沈，直无一笔宋石门，乃所谓见过于师者，与吴楚侯之效颦董氏亲笔之画者，不可同年而语。余昔撰董氏书画代笔人考，曾详论之。一九七七年十月得见此卷，乃思政同志所藏真迹，因再拈斯义，幸赏音有以教之。

启功书于首都小乘巷寓舍

## 跋明钟礼八仙图卷

明代画院名手，继承宋人法度，视李希古、马钦山诸家，虽或厚薄略殊，可喜其典型具在。当时文人点染水墨云烟，缀以诗篇，书以行草，未尝不淋漓满卷，而求其运斤成风，穿杨破的，人形物态曲得其真者，则不免有上下床之别矣。此卷钟钦礼画八仙，精工俊爽，毫无拖沓之习，盖用意之作，非率尔应酬之笔也。钦礼名礼，上虞人，弘治中直仁智殿。其画传世甚少，殆多遭割截款字以充宋画耳。八仙故事，昔年浦江清教授曾为文详考之，载在《清华学报》，惜其未见此卷以校传说仙人次第也。一九七八年五月，思政同志自粤来京，携此见示。余每疑世传宋画中多明人之迹，而苦难索其谁某，见此而获其一证焉。雨夜涤砚，快然题尾。

启功

## 跋铁岭高且园先生松鹰图真迹

且园翁意气干云，才情迈古，诗文翰札，枉不超逸离群，于康雍之际，允推巨擘。其画法特有情所寄而指画尤其游戏狡狯，聊舒郁勃之思者。后世只称其指画，只知其指画，浅乎其窥且园翁矣。一九七九年十月，友人自太原携来见示，因识。

乡后学启功书于北京

## 跋郑穀口隶书麻姑传

明人八分书，多取方严，用笔如折刀头。晚季时，《曹全碑》出土，于是笔法一变，穀口九沙，俱其上选，此卷尤为穀口用意之作，后世惟金冬心得其心印，顾不恒作。所见皆扁笔一格，自号"拟漆书"者，几不见其真诣矣。思政同志妙鉴玄赏，屡获名家精品，此其一焉。卷后林氏书韩诗，字拟东坡，极为得笔，远迈吴匏庵，近胜张广雅。道光间人有此胜诣，殊称难得，其迹传世不多，尤可宝也。

一九七九年十二月五日，启功识于羊城之流花宾馆

## 跋刘墉小楷字帖

刘崇如书悉本其庭训，卷折功深，故小楷为胜，行草但师阁帖。其道敛处，皆北宋枣板之真面，缩行草于卷面，行中弥有深厚之致。此真行草之体俱备，尤称精品。一九八五年夏历元旦，在羊城承德正同志出以见示，信开岁之眼福，因识其后。

启功

## 跋明清书画杂册

昔周栎园好集名家小品成册，纵或尺度不齐，而笔墨纷披，体格各异，翻收奇效。德正同志鉴收选拔，合为此册，倍难于栎园之集时贤也。珍重珍重！

启功

## 题谷牧同志捐赠炎黄艺术馆书画卷后

谷牧同志政绩懋著，久为人民所爱戴，自奉朴素，暇日惟以书画自娱，每与夫人牟锋同志共同搜集朋友笔墨，公余即披阅赏鉴，而朋友亦乐以所作求教。谷老于卉木独喜梅花，而北地苦寒，难于培植，乃约画家各作小幅。于是书斋客座、壁上案头，长笺短纸，罔非梅也。积累既多，合装成卷，粗堪盈握，已满四轴，客至展观，不啻身游香雪海中，手自卷舒，其劳不减登山涉水，而愉悦之情有非蜡屐经行所能获得者。主人自赏之余，不欲久秘箧衍而思公之于众。适值炎黄艺术馆落成，馆长黄胄、郑文惠伉俪同志与谷老相稔多年，其馆又为谷老暇时每常游憩之地，乃举此四卷捐赠馆中，俾国内外之嘉宾莅止，共相欣赏。其用意之公，措置之善，足与卷中名画同传久远，乃今日艺林一大盛事，不可不纪，爰识其后，并希赏音惠正焉。

公元一九九三年秋日，启功并书于炎黄艺术馆

## 跋查士标临苏东坡墨迹卷

梅壑翁书，初宗华亭，继入襄阳之室，长笺花幛，挥洒自如，所谓神融笔畅者，不独于山水中见之。此卷随手临眉山书，毫无褊跛之习，远在吴匏庵之上。吴匏庵摹苏书，沈启南拟黄书，刘石庵谓其没交涉，其言近谑，盖未见梅壑得意笔，如此卷者也。梅壑之书，当时已为画所掩，无怪诸城之未尝见也。五桂翁新获之珍，信可宝重，承示命题，因附管见于纸尾。

启功

## 跋刘墉小梅粹金书法卷

刘石庵书，以偃蹇为古拙，盖盖平生临摹阁帖，追求枣石面目耳。所书长轴大帧，行气每难联贯，有时信手分割成块而杂书之，张之堂壁，如悬百衲之衣，观之令人气索。每见零笺片纸，信笔作楷行各体，翻多逸趣，此卷其一也。五桂山房主人，独具卓识，宝此精品，至堪钦服。

一九九六年孟春，启功获观因题

## 跋刘墉楷草真迹卷

石庵书全出阁帖，盖沿明季习尚，或谓兼师北碑，乃道光以后人，以其所尊者推而及之者也。此金笺短卷，摘临钟王诸帖，间论晋时事

迹，兼见史识，不止八法之可重也。此卷为听帆楼旧藏，稍有蛀损，五桂山房主人得之，重加装池，焕然神明，弥自珍袭，又不独以乡邦文物为足重也。

一九九六年八月，启功书于北京

## 跋金俊明墨梅精品册

金耿庵冰清玉洁，可埒梅品。此册幽香疏影，最得仙葩之神。王元章后允推巨擘。南宋华光长老之迹，世已无传；其次则杨补之四梅名卷，而微乏蔼然之韵。如有人欲以补之巨迹易此一册者，吾知五桂翁必不许也。

丁丑大暑初过，酷热初减，启功观于京师寓舍

## 跋洪亮吉篆书卷

篆书悬针，其来甚远，殷墟甲骨手书未刻者，莫不如是。小篆之作悬针笔势者，必推正始石经第二字为最古；若语台铭，盖其次者。《大风歌》字欲盈尺，不知书人。疑金源党竹溪亦优为之，顾未可必耳。乾嘉时篆书名家，首推钱十兰，而未见悬针之笔。今观北江此卷，最具真实本领，有非其乡贤孙渊如张皋文所能及处，宜乎五桂诗翁之什袭宝赏焉。

丁丑夏日，启功识于京师寓舍

## 吴镜汀先生江山胜览图卷跋

镜汀先生山阴吴氏，讳熙曾，字镜汀，生于光绪癸卯年（公元一九〇三），冠岁前受业于金巩伯先生（绍城），习山水。金先生组中国画学

研究会，延聘名画家任评议，协助指导青年会员，吴先生并得闻艺于萧谦中先生（愻）。萧先生受业于其乡贤姜颖生先生（筠），姜先生专工王石谷画法，故吴先生于王氏画法研习最深。曾临王石谷真迹长卷及王派名手长卷，尤以临石渠所藏王石谷青山红树立幅为最精。功学画初受业于宛平贾羲民先生（尔鲁），后经贾先生介绍问艺于吴先生。十八九岁时以习作呈吴师，蒙加奖掖之后，喟然召功曰，余十八九岁时艺事猛进，子今正当其年，宜自勉之！功自愧垂暮无成，有负先师诱掖焉！

昔年曾见吴师草创一长卷，方至洪波浩淼，青山矗立处，迄今六十余载，未及拜观全貌。一九九七年竟获于拍卖会上，并承翰墨轩主人许礼平先生慨为制版影印，以广流传。

此卷《江山胜览图》，作于壬申秋日，先生年正三十，其后曾婴末疾，精神一时怔忡，经先生长兄念贻医师（寿曾）多方医治，痊愈后画格遂变，不复作石谷风格矣。

先生书学董香光法，曾见案头有董帖《释迦如来成道记》，为日常观摩之本。其题画每用小字，绝似石谷，盖石谷书亦宗董法也，先生年近三十，获识邵次公先生。邵先生博学多闻，尤擅填词，书宗褚派。吴师从之学词，不数日，即成菩萨蛮二十余首，足见天赋相近者必有针芥之契。而吴师从此诗才大进，可惜遗稿盈册，身后与遗作宝绘同付凋零矣，此卷题字，已脱石谷面目，而近褚法，盖习染于次公先生，不觉腕下亦呈别境矣。

先生身后，遗物由画院变价，分与诸侄，卅余年后，此卷经文物商店拍卖，为功所收，承香港翰墨轩为之出版，从此流布人间，镜汀先生六法绝诣，为之不朽！敬缀当年见闻，以告世之获鉴此卷者，并志礼平先生之高谊也！

一九九八年初冬　弟子启功敬识时年八十又六

## 题李从军同志《四艺图》长卷

壬午仲冬，李从军同志枉驾见访，并赐示四艺图巨卷，功时因目疾未瘳，莫辨画上须眉；转岁新春，复以脑疾就医住院。上元以来，略能展卷谛观：大笔纵横，不减宋人梁楷，以较石渠旧藏大册中《仙人》一幅，笔力千钧，远超何止倍蓰！拍案而呼，投杖难起。其时目疾仍在，因以硬笔题于卷尾。幸有南宋初吴说"游丝书"为之解嘲，顾尚未见其尘点如此巨制也。即以奉呈，敢希教正。启功时年九十又逾半岁矣。

## 题李孟东先生所赠八大山人法帖

李孟东先生，河北衡水人，入京学于琉璃厂隶古斋碑帖铺。顾客多为达官文人，尝闻谈论，勤于求问，故多识碑帖石墨及历代书画文物。后与友人共组织文物店，多到外地访购书画，曾遇元人倪云林木石立轴，人多不能辨，李先生独收之，竟为故宫老专家所识。旧官员于右任先生擅书法，有印本行世，李先生戏仿之，与印本同陈案上，观者莫辨何为临本。与一时书画家往来，多为道艺之友。蒙赠《八大山人法书》拓本，其签犹为先生当年手书，惜年不永，竟成遗墨也。

启功病目拜识

二〇〇四年三月二十日

## 跋孟君郁先生所藏碑铭拓本

北朝铭石之字，每于真书中杂以篆、隶，即有体格纯一者，亦常于横笔、捺笔作燕尾之波。高齐一代，此风尤炽，求其点画安详风格匀称者，十无一二。此刘碑造像记，用笔结字，与东魏敬显隽碑绝相似，在齐碑中允推上选。加之拓墨沉厚而不溢入字口，披阅之际，如对宋时毡蜡，不止首行未泐为可贵也。君郁先生收集石墨，精品甚多，造像记中，此为巨擘矣。

一九七四年立秋日，启功书于小乘寄庐

王居士砖塔铭，既碎之后，残石中《说罄》一石独大，珍者号曰"说罄本"。不知何时有人于其背刻伪苏书绝句一首，世遂并《说罄》一石而疑之。此册各残石拓既精工，又以伪苏书拓本附后，更为可贵。盖古刻真伪，比观立见，不烦辩说，再见伪苏迹之妄，益证其与原石无关，抑或伪苏书原在《说罄》翻本之后，则更无害《说罄》原石之为唐刻矣。此本为吴江杨氏、虞山邵氏所递藏，见于两家四世题跋并载于《古缘萃录》。前有唐造像，乃因同为显庆年刻而合装者，其拓墨更旧，并可宝玩。余幼年学书临此铭，继见石背苏书之说，每难索解。君郁兄见示此册，所惑者涣然冰释，信快事也。

时公元一九七四年中秋，启功识于首都小乘巷寓庐

吾友孟君郁先生出示颜鲁公与郭英乂书稿一册，展观之际，精彩照人眉宇。审其纸墨，殆数百年帖，为合肥蒯氏故物，若木翁署曰"宋拓"，盖不诬也。余尝谓古拓之可贵，在能传昔人之笔法，其使转出入，一一可寻，是谓下真迹一等。若世之徒矜某点某画不泐，便诩为一字千金，虽墨痕狼籍、面目全非在所不论者，仅好事家争奇斗富之资，非学书人存精寓赏之玩也。此册借留案头数旬，临写一再，题后归之，不胜三宿桑下之感。

时一九七七年四月，启功识于都门小乘巷寓舍

颜鲁公与郭英乂书稿，北宋初拓，余未之见，所见俱有泐痕者，然其石固甚坚致，自元明以来未尝断裂，新旧之拓所争仅在点画肥瘦之间。今见早拓者点画边缘明晰，其后渐如用湿墨写生纸，笔之周围如有

虚影，再后反归清晰，而字口已瘦，盖石面磨失极薄一层，刀痕渐至浅细处，再经洗剔，遂不为世所重。然余尝谛校之：所谓洗剔之后所拓，点画姿态并无甚差异，绝非《醴泉铭》凿空妄改者比也。此册有张则之藏印，林吉人观款，字口坚确而点画丰腴，所见未断。集王《圣教序》，间有此种纸墨拓法。龚氏据鉴者言指为南宋拓本，诚有据也。方小东所见未广，其评殆不足论。张则之名孝思，京口人，其父名觐宸，字修羽，为董香光之友，家有培风阁，收藏甚富。黄子久《秋山图》其尤著者，则之鉴定亦称具眼。吾友孟君郁先生雅好金石，此帖亦有数本，必以此册为甲观焉。借读经月，题后归之，并求印可。

启功

颜鲁公与郭英乂书稿，帖石坚密，至今未有断缺，拓之早晚，惟于点画风采辨之。余初以为颜书行草，多渴笔燥锋，石刻必不能传，后见宋元摹拓墨迹半卷本，乃知陕刻之精，天水石工诚不可及也。此册布墨偏厚而未淹笔锋，其使转纵横，一一可按，其为明拓，信而不疑。君郁先生收藏石墨既富且精，仆每获观，罔非上驷，此其一焉。

一九七七年夏日，启功

鹤铭堕水，殆及千载，水激沙咨，锋铩已颓，出水既久，复经剜剔，面目于是全非，然摩娑拓墨，犹足想见陶隐居辈扪崖捉笔时。李越缦有句云："名山如见六朝人。"又遑计其存字多少、点画完阙乎？况此本皇字、遂字，偏旁较剜余者或多，又经张磊堪题识品评，信足为珍藏甲科。君郁先生宝之，宜矣。启功获观因题。

（此跋与前辑《旧拓瘗鹤铭跋》后半段文字差异较大，故收录于此）

此册为孟君郁先生所藏第三本，椎拓已在同光之世，惟纸墨和润，字口不湮，展阅之际，不致有雾里看花之感，斯不失为善本。或曰此石曾经剜洗，后拓多已失真。余尝细校之，早晚毡墨所差，仅在几微之间，非若《醴泉铭》之凿空改字也。故知此石之洗，但为剔其墨垢耳。书此以为洗石者洗冤。

启功

## 题董其昌叠嶂秋云图

积铁千寻插紫虚，云端鸡犬见村墟。秋光何处堪销日，流水声中把道书。此画禅室绝句，极符画境，因录于此。有清画派，胥出华亭，淡墨轻烟，令人玩味无穷。

一九八五年夏日，启功

## 跋董其昌书李青莲行书神品

香光好于绫上作书，如马射、冰嬉，奇踪万富，愈不经意处，愈见灵妙。不佞所见，何止数十百本。此卷其尤率意者，亦尤快意者，不能参画禅室中机锋者，不可轻以示之。

甲戌首夏，旅次香江，获观此卷，窗外海之澄碧，与法书境界相映发，今岁来第一快事。

启功，八十又二

## 跋张大千溥心畬合作花卉

壬申二月，大千先生访吾宗老心畬先生于萃锦园，释堪李十三丈在座，每以长髯嘲大千，索画钟馗，又嫌髯短，举座为之绝倒。此幅两先生合笔以赠释翁者，敬释犹言敬僧，李丈之别署也。六十五年驹光过隙，功亦垂垂老矣，拜观斯图，不胜依溯。岁此甲戌清和之月，旅次香江，借砚敬识。

启功，年第八十又三

## 题董香光粉本长卷无上神品

思翁教人作画，以画树为先，而山石次之。曾见摹古手卷多卷，但以摹树为先，坡石其次也。此卷有南田累跋，尤可贵也。思翁摹古之余，随手略记画法，有昔时画手相传口诀，士夫多未传承，犹如所谓行家戾家，文人多不解其义，而思翁笔下时一流露，犹如有清同光之间士夫好皮黄剧，伶人口语、术语，士夫多效之。今观思翁谈画之语，亦多引之，其可贵不在披麻、斧劈诸语之下也。思翁此类钩摹粉本，世传甚多，或属真笔，或属重摹，自多观之，未必俱出真笔也。此卷有思翁自识，又有南田、重光诸跋，皆属的笔，尤可贵也。癸未岁暮，启功获观，衰年眼福，幸何如也。

公元二〇〇三年十一月廿五日，功年九十又一

## 跋徐燕孙画集

下博徐燕孙先生操，博学工诗文。自幼嗜丹青，出手即具古朴之趣。壮岁作大幅古贤像，不啻陈章侯之图关侯遗貌。值世多艰，遂以笔墨易米，得者珍同明季高手之迹。20世纪50年代以来，多作故实之图，屡经影印行世。而先生遽婴风疾，身后遗稿劫中尽失，真迹流传，益同星凤。香江藏家，独具真鉴。收弄先生精意之作，汇印成册。不独得赏名家妙墨，而近世艺林流派渊源，亦获考镜之资，其有功画史，讵可胜道！先生中年曾著《人物画范》一书，分刊于报纸，惜未竣而止。附志于此，俾世之留心画家文献者，倘或遇之。

一九九四年孟夏，后学启功识于燕市，时年八十又一

## 赛尚阿真迹跋

外高祖鹤汀相国，讳赛尚阿，蒙古阿鲁特氏，行谊具详《清史》。暮年家居，雅好临池，日课小楷，罔不点画精妙，海内流传。以功所见，无一潦草信笔之作。庄敬日强，先哲之言，固不我欺也。

启功获观谨题

## 跋姚鼐书法卷

宋人谓六一翁好以尖笔作方阔字，而膏润无穷。吾于惜抱先生之书，亦以为应属六一同调。曾见明人杨继鹏刻铜龙馆帖，俱是董香光书，而惜抱笔仗绝似之，盖刻于皖中桐城，薰习自深耳。此袖卷真迹，出于信手，弥见自然。六一不见草书，惜翁腕下云补其未备者。桐城古文号拟八家，惜翁秀整，独与庐陵为近，瓣香所拈，固不独八法一艺焉。

一九八八年夏，后学启功观识

## 翁方纲信札手卷跋

右翁覃溪杂书一卷，铜山张勺圃丈论之详矣。忆赵撝叔与魏稼孙书，言得见何子贞并谓老辈事事道地，惟不可与谈书，谈则必致忿争。其语可以移于覃溪，覃溪考订精详，文字讲究，真可谓事事道地者，然微伤专固，转有失于眉睫间者。李猛庵先生笔记中记乾隆时龚某一札，颇诋覃溪，容有偏见，而记朋辈谑谥曰"翁文厉公"，则堪一噱，亦足见其谈艺之执着焉。不佞垂老而日渐自信，亦每与人忿争，书此亦足自警也。

一九八八年四月，启功

133

## 董其昌书法卷跋

此思翁极不经意之作，如夜半深池骋而过，旁观者触目惊心，执笔者怡然自适，亦书禅中之一境界也。每于广坐间与客同观，或笑其荒，或疑其赝，惟我路歆道兄独赏其自然，以为只此方见其不愧屋漏处。因举以为赠，幸勿示不可与言者。

一九八九年夏，病暑目昏，书不成字。启功

## 题吴子玉唐人诗意图

子玉先生系出筠清，望标南海，博综众艺，世守书香，于六法一道，尤具夙慧。昔贤有云：师古人不如师造化。虽然名论不刊，窃谓尚有未达之一间。盖所谓"古人"乃指古之宗匠。唐若吴、王、二李之笔，今已不得而见；北宋若范宽、郭熙，南宗若刘、李、马、夏，罔非当时高手。其所作，当时则千锤百炼，至今则历劫不磨；谛观其景物，似曾相识，大地山河，不啻亲历之境。其笔墨，则如行文措语皆我腹中之所欲言。而所写一树一石，又各与一点一拂相融洽。如此之古人手笔，何一非古时之造化耶！譬之于物，古之高手蜜蜂也，古之山川花蕊也，高手之剧迹蜂蜜也。于今倘率易而言师造化，则如摘花蕊于杯盘而令人食之，其奈难于下咽何！总之，师古人者，宜师古人之所以师造化；师造化者，宜师蜜蜂之所以酝酿花蕊。则画山水者，不画泥石流、龙卷风，未为不师造化也。子玉先生画，见者诧其天然，酷似石涛济师。吾固未尝一见其临摹济师画本者，盖能妙得济师之所以师造化，此其所以为张内江后独步当代之吴南海欤！此册写唐人诗意，观者特服其不脱不粘，予则以为古人诗意花蕊也，出于名家之笔者，已经酝酿之蜂蜜也，若宋人所记宋画院以诗句试画手故事，一似诗句之图解，但可谓之画谜耳。观于子玉先生此册，乃知昔人轻视宋画院中常流之作，不为无故者也。

<blockquote>公元一九九三年五月，启功识于坚净居，时年八十</blockquote>

## 跋张大千行书中堂（赠远岑）

此大千先生真迹，时在敦煌摹画，以余墨作书，遂与平日题画之笔微异。远岑姓范，陇右老进士也。

<blockquote>乙亥岁暮，启功识</blockquote>

## 跋文征明书琵琶行卷

右衡山先生草书琵琶行真迹，精熟流畅，一若无意于书而明珠走盘，白太傅似预赞先生书境者。自前岁获观，累萦梦寐，今幸再得寓目，益慰平生眼福。或以名号二印为疑，然沈文诸老遣兴之笔每不钤印，而由后人补缀者往往而有，固无害于真迹也。

<blockquote>后学启功敬识</blockquote>

## 跋李二曲背像图

二曲先生遁居窟室，仁庙行尊，凿坏而去，俯仰两闲，无所愧怍，呜呼仁矣。此图缔构，命意至深：顶心一髻，不欲显违功令也；只写背影，不欲见其真面也。且现半身，不欲见其襟袖也。戋戋片纸，苦心曲折，历三百年而光辉不灭。貌真之术，是否出于波臣，抑其末也。至于程、朱、陆、王之辨，又其末之末也。展卷瞻拜，吾作顶相白毫，观以高阳之苗裔，但见先生之背影，已云幸矣。先生有知，知不遐弃也。

<blockquote>启功敬识</blockquote>

## 跋齐白石居燕京第二年画荷花

此白石老人初来燕京时作，亦史料也。

己卯冬日，启功拜观因识

## 跋黄均山水扇面

縠原继体四王而出以潇洒，以视董东山诸家，别有林下风度。或称小家，则以官位论艺，不足与语。

一九八六年初冬获观因识。启功

## 跋王雪涛示范画稿

卷中留得好春迟，造化随心各入时。五十年前挥翰际，百花将放出墙枝。

王雪涛先生示范画稿一束，劫中散落，此其一段也。视其笔迹，盖当先生五十余岁之作，涉笔成趣，是可宝也。

丁丑冬日，启功病目题尾，书不成字

## 跋黄小松五言对联

秋盦先生隶书真迹极为希觏，此联信手所拈，颇近冬心逸趣，是可宝也。

启功观识

## 跋黄小山七字联

秋庵先生隶书雅稳，过于当时诸贤，此联尤推精品。启功敬志眼福。

谛审装池外签，亦先生自题者，不待款识而笔法可按，弥可宝也。

启功再识

## 跋司马绣谷花鸟图

绣谷画功力甚深，出笔圆熟，虽奇变略少而平稳有余，世常以小名家待，宁知其得意之笔，每有徒负虚誉者所不能及处。至于毁瓦画墁之徒，忝称轶古，其视绣谷又当何如？必有能辨之者。

一九八八年冬，启功观识

## 日本南画集跋

民族相邻、语言相接之邦，其文化发展，必有互为影响者。有清末叶，文人提倡拼音以代汉音者，画家东渡留学遂有高剑甫、陈树人之岭南画派，此中土与东西交流之在人耳目者。其东西各邦之受中华影响者，史册所载已指不胜屈。其在有清后叶者，六法一艺，尤为显著。如池大雅、赖山阳，笔墨流传，号曰"南画"。其笔情墨韵，极似明人风格，此瀛海神州文化交融之极堪称道者。后来离合，岂可复言。今见此南画集三大册，实东中文化之菁英，子孙纪念之模楷，藏之名山，传之百世，不使大雅、山阳诸贤复有遗憾，是可称瀛洲之宝也。

壬午立冬，启功获观因志册后，时年九十

## 致方懿枚信札跋

甲戌长夏，张君铁英持此见示，拙札乃致方君懿枚（字子才）者，竟获流传，且蒙赏音存录，愧怍奚似！笔濡颡泚，以志其后。

启功

［附二信札原文］

（一）

子才老兄如见：前奉到大作山水，宛然黄宾老风范，拟题数字以志倾倒。隋写佛经数行，谢谢！命临草书《出师颂》，以近日无好笔（买不起了），容当续寄。昨奉户口残纸背上大札，如见敦煌古籍，雅不可言。查札悉与人易物而去，所易者，兄所不喜，乃红兰居士荷花一幅也。苏公，弟已经年不晤，虽住址甚近而过从不多。《公羊》残卷，实为珍籍，岂敢妄加贬抑耶！箧中经背，又是何等珍品耶！可惜小弟无此等好画，用此等好纸装头，更无此好胆量，以此等好纸作书画也，兄谓如何？尊寓仍在张相公庙否？何时在寓，可相访乎？班上有无余暇相谈琐屑无聊之事乎？多赐佳札，以便珍弄。专此即颂公安。弟功顿首。八月廿四日。（尊处办公地点是何地名？信皮所写，恐不易找也。）

（二）

前两承枉顾，因俗事赴津失迎至歉。得暇惠临，至所欢迎。《出师颂》影本已觅出，可奉法鉴也。匆此，敬颂子才道兄时安。

弟功顿首。十日晚

## 天马赋跋

米海岳《天马赋》墨迹，今世所传多出临仿。《三希》刻本原迹，近岁重现人间，槎枒丑怪且不及阮玉铉、王铎。米老评古人书，每称丑怪恶札之祖。《三希·天马》且不中作恶札之孙也。香光此卷自跋得米帖，不类刻本，见其摹勒精工，令人向往，乃知《天马》一赋，世间故有真迹焉。今真迹与精镌俱不可见，香光此卷遂如三生石上精魂不泯。再拜敬观，觉米老去人不远。先师励耘老人于书，最好米、董二家，宜乎宝惜。斯卷不轻示人，晚年以付高弟乃和学长，如黄梅衣钵，庆得其所。

一九九一年新秋，启功谨识

## 梅村画中九友歌跋

梅村《画中九友歌》，乃拟少陵《饮中八仙歌》而作。九家俱梅村所曾奉手者，故其品目独至，绝非泛泛评画之语所能相拟，且诗格精严，视少陵颓唐重韵不啻胜蓝。湖帆先生，近代艺苑宗师，笔墨修洁，与梅村韵语正属同调。吾闻湖翁用印多出巨来先生，铁笔如斯妙迹，非有徇知之合者岂可得哉！复有强邨、剑丞、遐庵诸老签题跋尾，和璧隋珠，复经镂金错彩，虽有连城，莫之能敌！服膺赞叹，谨书其后。

公元一九九一年夏日，启功

## 为孙大光题章草书法藏品

羲之书始未有奇，殊不胜庾翼、郗愔，迨其末年，乃造其极。尝以章草答庾亮，亮以示翼，翼叹服，因与羲之书云：吾昔有伯英章草书十纸，过江亡失，尝痛妙迹永绝，忽见足下答家兄书，焕若神明，顿还旧观。大光同志属书，即希教之。

启功

## 宋拓十七帖题跋

此本摹勒颇精，方圆有致，在姜西溟本之上。姜本且有阙文。（张勺翁本、姜西溟本、吴宜常本、王穉登本，皆方笔一系者。）张勺翁藏本与此相近，而笔锋已秃，亦有阙文（阙"樱桃付给滕"二行五字）。王穉登本印刷用金属版，泐痕不明，笔意近此而稍嫌板滞。姜西溟本实翻刻吴宜常印一本（亦翻刻）。楼兰出土简牍遗文中有一笺云"无缘展怀所以为叹也"，笔势与馆本十七帖绝相似。可相印证。

《朱子文集》十四跋十七帖云：官本法帖，号为佳玩，然其真伪已混淆矣。惟此十七帖，相传真的，当时虽已入官帖卷中，而元本故在人间，得不淆乱？此本马庄甫所摹也，玩其笔意，从容衍裕而笔象超然，不与法缚，不求法脱，真所谓一一从自己胸襟流出者。窃意书家者流，虽知其美，而未必知其所以美也。读者知十七帖宋时有马庄甫刻本。庄甫何人未详。黄伯鱼所谓先唐石刻，果何指耶？此本便是宋人或宋以后人摹刻者。

馆本十七帖，必以勺翁藏本为最古，此本刊勒及纸墨虽精，究是重刻者。细校，自见此本与姜西溟本似同一石，此本可贵在文全，可补勺翁本之阙失处。

## 跋日本藏麓山寺碑旧拓本

《麓山寺碑》为唐代李邕泰和撰书煊赫有名之碑，千载流传，颇有剥蚀。世传旧拓，无论为宋为明，其碑文之末，残泐较多。存余一字，价逾球璧，其为世重，盖可知矣。光绪三十一年，南丰赵声伯先生世骏，偶获旧本，以校诸家藏本，存字独多，且无刓误之笔。因延装池名手于家，亲自厘正错简，焕然神明，首尾可读。乃付有正书局影印流通，与世共赏，鉴家莫不诧为奇宝。其后转入东瀛，归于三井氏听冰阁秘笈。前数年东瀛大雨，听冰藏宝之地下仓库竟遭湮渍。及雨止清理，多件珍品受损，或有粘连坚若砖块者，此册其一也。高岛义彦先生携来见示，因为介绍张明善先生精心揭裱，顿还旧观，终无一点一画之失，见者无不叹诧。明善先生为燕生先生令嗣，燕翁有善本碑帖经眼录，记其平生所见南北乃至海外流传石墨珍本，为当今治金石目录者所必读。明善先生克传家学，鉴别之外，传拓装池之术，无不精能。余尝见丰碑巨碣，耸构高架，攀登而拓之，字口分明，墨色匀称。每叹为凌空巨掌，摩天割云；孰知薄纸相粘，坚如磐石之册，又能叶叶擘开，不啻庖丁解牛，刃入有间，是足奇也。谓其学其艺，与宋拓名碑无所轩轾，盖无不可。三井氏嗣守主人见此重装之妙，竟使古拓重生，不负义彦先生辛勤禹域之行，即以举赠。此一册也，辗转离合，奇缘有如此者。复承义彦先生之属，志其始末于右。

时公元一九九五年岁次乙亥，暮春之初，

启功书于燕都寓舍，年第八十四岁矣

## 跋怀仁集王书圣教序及眉批

一九七六年六月五日至十六日临一通。自廿二岁初见此碑后，不时临习，但从未临成一通。临得一通者，应自兹计，吾年六十五矣。启功。

一九七六年七月三十日临毕第二通。起日记不得了。

临帖如饮食，贵能吸收消化，始收营养之益。昔片段临习，常见效于腕底；今临全碑首尾无遗已二遍矣，似仍无所进，固由年老顽钝，亦有自炫之意（案：此处原写作"为人之见"，启功先生改之，并在跋尾加注云："'为人'二字有头巾气，以被宋元以来头巾分子用臭故，亟改之。"）存焉。或问：何以知其然也？应之曰：昔临片段者，随手毁弃，已无一存。今此二通装订成册，且常持以示人，非其证欤！一九七六年八月十二日晨起记。

【眉批】貂尾续狗。下八字（怀仁集王书圣教序），碑中字也；上二字（宋拓），狗爪痕也。"正"字羲之家讳。"律"是"津"字所改。"疰"似装、妆之借字，又或"庄严"之简用。即取交饰之义。妆，饰也。"庄"字字典引《韵会》：盛饰也。"旷"字羲之家讳。墨皇本"显"字左半乃描成者。"甸"是"旬"字所改。此行"色"字亦是"包"字。"至"字褾倒。

此行三"色"字俱是"包"字。此行"般"字乃"股"字。玄奘法师此译日本传本"远离"下俱有"一切"二字，与中土诸本不同。"般若多"或"多心经"俱不辞，怀仁之误乃尔。咒中两"波罗"俱作"般罗"，译音用字不合。曾见《玄秘塔碑》翻刻本，一字不缺，亦用朱拓，颇疑虚舟所见即此类物，以朱质较粗，易掩斧凿之痕耳。润色者，《心经》译本也。

## 跋明拓松江本急就章

安广居跋谓停云翻摹入石，余以停云初拓本校之，刻手固有不及此本处，然破锋飞白多于此本，绝非翻摹所能杜撰也。近代壮陶阁帖所据，乃一摹本，今在徐氏石雪斋。黄纸双钩，无元人诸跋，钩摹颇精，当出宋元名手。安氏底本已入《石渠宝笈》，存亡不可问矣。甲申秋七月，元白记。

叶调生《吹网录》记别本《深慰帖》云：林藻《深慰帖》，枫江袁氏五砚楼旧藏。此石不知何人手镌，与前明文氏刻本毫发无异。"印印川"，少时曾见之，石质类碧玉，袁氏家落后归于扬州江氏康山草堂。江后负蹉课籍没，石遂入官，不知所在，今拓本不可复得矣。按叶氏所记，岂即安家原石耶？抑安、文二家之外，尚有刻本耶？录此俟考。

伪星凤楼帖中有《深慰帖》。五研楼本，余得旧拓一册，有"印印川"小印及"徐子静藏"印，谛校之，与此非一石也。

# 题跋恽南田书诗札真迹及眉批

赠王石谷杂书册。致黄帅先诗札六通。致马扶曦札一通。致穗翁札三通（《瓯香馆集》卷三有哭吕穗九诗）。致若老札一通（集四有赠顾若思诗）。致杨大声札一通（大声名昌言，乃杨文言之兄）。无款札一通（似是致马扶曦者）。跋五家共六段（俱跋手札者）。

南田生崇祯六年癸酉（一六三三），卒康熙廿九年庚午（一六九〇），年五十八。

烟客初见《秋山图》时，至迟不晚于天启七年，年三十六岁。若更早之使斋豫江右，则年应在三十左右。早年见地与晚年易有不同，且先入香光之言藏者，乍示旋收，求而不得，弥增向慕，及晚年再见，遂同嚼蜡。事理如此，无足怪也。南田以传奇之笔宛转书之，实以藉寓沧桑之感而已。

烟客于崇祯四年辛未以服阕赴补北行舟中仿《秋山图》，跋云：往在京口张修羽家见大痴设色《秋山图》。并云"不可复睹"。可知此次之出使必在天启七年或更前，然其以尚宝丞出使诸藩，年月多不可考。

董香光卒于崇祯九年，时烟客年四十五。三十年者，自顺治元年至康熙十二年也。且三十者，不足三十也。看画殆在撤藩前一二年乎！且"五六十年"，"六"字点去，谛观"五"字亦改为"三"。烟客卒于康熙十九年，自顺治元年计止三十七年，无从得五十年，殆当于"桑"字断句，言自初观图时至此近五十年耳。王永宁字长安，为三藩某王婿。撤藩事在康熙十二年，王氏豪举当在其前。王永宁是吴三桂之婿。阮葵生《茶余客话》卷八记吴门拙政园为平西婿王永宁所有；又云："滇黔逆作，永宁惧而先死。"知其看画在拙政园，且先死也。

此杂书册书于壬子，见前秋堂丛桂诸诗后跋，是为康熙十一年。此篇殆即撰于书册时，其事或在前一二年也。

【眉批】石谷亟先谕意郡伯，郡伯诺乃入。　　王圆照卒于康熙十六年。　　　至死不寤。　　　此札似是致马扶曦者。　　　与杨大声送润笔札，此在致穗翁二札之后。　　　致穗翁札一。　　　言将索杨撰碑文。此杨兄即大声，名昌言，武进人。　　　致穗翁札二。　　　言杨索润笔。

## 题闲窗逸兴封面

此文记此僧俗姓郭，有祖名、父名而无僧之俗名，于其法名但称邕禅师。而无上一字。全文千余言，其中辞费者约十之八，乃知此类文风宜乎为韩柳之派所代矣。

## 跋米元章草书帖残本（草稿）

右群玉堂刻本米元章草书帖残本。其文具载宝晋英光集，翁覃溪跋考订颇详。米老称扬晋武帝帖"远迈二王"，梁闻山跋遂谓其"字画丰穰，结体绝似武帝《异趣帖》"。按：《异趣帖》王肯堂以为王子敬，董香光以为梁武帝，从无晋武之目。岳倦翁《宝真斋法书赞》卷二十：米元章临晋武帝大水帖草书四行，云"去岁大水，城中大饥，抚刘君使常分南北诸军耳。此索卒无所复籥已送。"尾记一行云："右晋武帝书李太师玮本。"岳跋略云：书史载李玮家所得晋贤十四帖中有臣詹晋武帝批答一，岂此耶？今中秘群玉堂帖苐真迹有云"好事家所收帖有答篆籀者，回视二王，顿有慕意，晋武帝帖是也"云云。所引即此帖第一段。乃知武帝书为《大水帖》也。翁跋云："米老此帖所云晋武帝帖，不知何帖。"盖是真迹，非阁帖内晋武帝书；或以梁武帝《异趣帖》当之，误矣。倦翁之书，覃溪固恒举之，而谓"不知何帖"，得非失之眉睫乎？

## 跋米元章书某帖影本（草稿）

余初见此帖缩影二页，惊其笔法神奇，摹勒精妙，为米书石刻之冠，深以不得一窥全豹为憾。谛视赙纸，有翔鸾阁印，知为武进陶北溟所藏，因丐友人转询陶氏，则早归乌程蒋毂孙。癸未三月廿五日赴藏园老人赏花之约，得晤陶君，云蒋氏又已脱手而归某氏，不可复见；昔曾摄影，今亦希觏矣。遂妄意旧影本倘或遇之，则饥渴之怀庶几一慰而平生古缘藉斯以卜。翌晚于冷摊上竟遇此册，始见签题，疑信参半，自思事理未必有如斯巧合者。及揭视之，赫然米帖！欣快莫名，几乎狂叫。夫此本原非至罕之物，惟余梦寐所求，应念而至，为足异耳。米老自言见晋贤帖后，追写数十幅，返想一二字以自慰。藏家秘吝，鉴赏艰难，于斯可见。此虽影本而毫发无遗，与真帖入手又何以异？寝食与俱，临摹赏玩，宜略可以仰企古人于万一，何意笔墨陋劣，无少分相近，殊不如昔人寓目虽暂而会心弥深，颂山谷"欲换凡骨无金丹"之句，不禁怅然若失也。元白记。

## 大观帖跋

一九七六年七月十五日于故宫获观所藏《大观》八卷、《澄清》八卷、《绛帖》二十一卷。《大观》淡拓三卷，即此三册。蝉翼拓极淡，与火前最初拓真赏斋、最初拓快雪堂绝相似，非此影印本所能表现。经折襟半页约十三公分。册中有"绍兴"小印，伪印也。翁方纲乱题可憎。又五卷，装为四册，以六、八两卷有残处故合装一册。墨较重，然较翁方纲藏之第六卷墨干而润，亦颇精美。五卷俱偶数者，当是某一藏者分产所析，其奇数五卷，不知犹存否也。既见《大观》，《澄清》《真绛》都成卜驷矣。今日所知《大观》仅存九卷。除神州国光社所印第十卷一册外，余已全获寓目，不可谓非厚幸焉。此三卷中释文诸字俱白粉书，有磨灭者，有正书局影印时有描写处。

序文辑

# 《红楼梦注释》序

## ——为北京师范大学中文系古典文学组合编本作

每部文学作品，无论在生活背景、语言词汇各方面，都有它的时代和地区的特点，《红楼梦》自然不会例外。但《红楼梦》由于作者的水平高，成书的时代近，用的语言又基本是北京话，因此今天广大的读者并不觉得难懂。但也有些容易发生问题的地方，我常听到读者提出的问题大致有以下几个方面：

一、某些北京俗语；

二、服妆形状；

三、某些器物的形状和用途；

四、官制。

这些当然是一般读者容易不太熟习的，但此外的是否就都易懂呢？不然。我每遇到有人向我提出关于书中问题时，我总预料必将包括一些诗歌、骈文的内容。但常常与我所料相反，一般并无这方面的问题。是一般读者都理解了吗？未必，大多数是把它们翻过去。我还有时进一步向问者提出，他认为明白的某些部分怎么讲？得到的答案，往往并不确切，可见那些认为"不成问题"的部分，也未必没有问题。因此在前举四个方面之外，至少还有四个方面值得探讨的：

五、诗歌骈文的内容；

六、生活制度和习惯；

七、人物和人物的社会关系；

八、写实与虚构的辨别。

大家都知道，除了法律的爱书、医疗的病历之类以外，一切文学艺术作品，都不能无所加工、无所虚构，这原是事理之常，无须声明交代的。而《红楼梦》一书中，作者却屡次发出关于真假问题的宣言，读者容易看作是对故事、对人物虚构时的声明，免得当时被人怀疑他有所讽刺，因而产生什么文字之祸。其实我们在书中许多天花乱坠、逼真活现的场面中，不难推敲出若干关键的东西全是"子虚乌有"。或"以假作真"，或"以真作假"。因此《红楼梦》这部和白居易诗一样可使不识字的老妪都能听得懂的作品，而许多饱学的老公却未必都能理解得透。于是"横看成岭侧成峰，远近高低各不同"，也就成了新旧"红学"千猜万考的广阔园地。

《红楼梦》既需要注释，注释起来，又不是那么省事的。一个典故的出处，一件器物的形状，要概括而准确地描述，颇为费力。即极平常的一个语词，在那个具体的环境中，究竟怎么理解，也常常不是容易的。推广到前举八个有待注释的方面，也都如此。现在试各举例来谈谈：

一、语言问题：全书基本用的是北京话，这是人所共见的，但也运用了古代汉语，并吸收了其他旧小说的成语。由于作者取精用宏，信手拈来，化他人所有的为自己固有的，读者便毫无生硬的感觉。因此有人一一加以追溯，某一语词，某地曾有，于是作者的籍贯被猜得忽南忽北。如果以这点为衡量古书作者产地的唯一根据，那么李白、杜甫将不知同时有多少家乡了。本书中语言方面有待注释而又难于注释的约有二类：第一类是有些俗语词汇，现在已经消失的：例如"不当家花拉的"一词（二十八回），前于本书的，《金瓶梅》和《醒世姻缘》中有过；后于本书的，《儿女英雄传》中也有过。我在五十年代初注释本书时曾经望文生义，以为是"不了解"的意思。后读明人刘侗《帝京景物略》才知道"不当家"即是"不应当""不应该""不敢当"的意思。"家"是词尾，"花拉的"是这个词的附加物，是为增加这个词的分量的。类似本书中所说"没事人一大堆"（十六回），"没事人"即指没关系了，"一大堆"是附加物，增加"没事人"的分量而已。又如"积古"一词（三十九回），也已失传，至今我还没有找到精确的解释和用法。第二类是常见的词汇，例如"嬷嬷"和"妈妈"，一般读起来，很容易认为是同义词，但在北京的习惯上，奶姆称"嬷嬷"，保姆称"妈妈"。又如黛玉所说的"呆雁"（二十八回），是讽刺宝玉看宝钗出了神时说的，这个词本是形容发呆的，雁有何呆，呆何必雁，这都没有什么理由可讲，但北京人都懂得，这是讽刺痴心，形容发愣，但又分量不重的一个词。在本书中这个人物，这个场合，这个情节中，便具有既冷峭又温柔、既尖酸又甜蜜的作用。精密符合这时三个人的关系。试问这在注释中应该怎么去写呢？

二和三、即服妆和器物的问题：在不知本书作者底悉的人，一定以为什么名称的东西，即有什么样的形状，只要照样描述，或用笔一画，即可解决。这好像清末的一个故事，有人应考作"廉吏为民之表论"，不知题目怎讲，便写道："夫表者，有摄氏表，有华氏表，而独未见有廉吏为民之表。"最后他说："因画图以明之。"我们现在的画家最困难的是画《红楼梦》人物图，某个人物的服妆，在书中写得花团锦簇，及至动笔画起来，又茫然无所措手了。例如"俱各按品大妆"（十八回），什么品，每品又是什么样？怎样叫"大妆"，另外还有没有"中妆"、"小妆"，它们之间又有什么区别？又如"金丝八宝攒珠髻、朝阳五凤挂珠钗"（三回），我从前也曾强不知以为知地注过一番，事实上是画了一次"廉吏为民之表图"，后来明白作者是在暗写清代命妇戴的"钿子"，写得却天衣无缝，使读者觉得眼前有一个珠围翠绕的青年贵妇的发髻，但谁也说不出它具体是什么样子。这样迷离恍惚的发髻，又教注者怎么去写呢？

至于其他物品，如莲叶羹（三十五回）等稀奇古怪的食品，固然今天谁也不易看到它是什么样子，但只看作者的描述，读者也会理解它是一种"富极无聊"的人们折腾出来的一种吃法，也就够了。至于"瓟瓟

151

罤"、"点犀䀉"（四十一回）又是什么东西？有一位老先生曾向我说："瓟斝即是壶芦器，故宫陈列着许多，你看见过吗？"其实不止故宫，从前我在我祖父的案头也看见过，但作者同时并举的点犀䀉又在哪里去找呢？后来我恍然，又上了当，这里仍是作者故弄狡狯，和什么武则天、杨贵妃用过的什么器皿（五回）正是一类的"调侃"手法，一下笔描述它的形状，便等于又画了一次"廉吏为民之表图"。

四、官制问题：作者所避忌露出的清代的特点中，官制方面尤为严格。凡是清代以前有过而清代也沿用的，便不属清代特有，才出本名称；凡清代特有的，一律避开。像"龙禁尉"、"京营节度使"等等，不但清代没有，即查遍《九通》、"二十四史"，也仍然无迹可寻。又书中说明"五品龙禁尉"，下文则说"秦氏恭人"（十三回）。各种八十回抄本（即所谓"脂批本"）都如此。有人因为清代五品命妇称"宜人"，六品命妇称"恭人"，认为作者这里是笔误。于是高、程刻本一系的版本都直接改为"宜人"。要知作者用意正是要使品级和封号差开，才露不出清代官制的痕迹。改为"宜人"，于清代官制虽对了，而于作者本意却错了。

五、诗歌骈文的问题：书中有不少古、近体诗和骈体文，似乎只有词藻、典故的问题，至多需要加一些解题和串讲也就够了。其实本书中这方面的作品，和旧小说中那些"赞"或"有诗为证"的诗，都有所不同。同一个题目的几首诗，如海棠诗（三十七回）、菊花诗（三十八回）等，宝玉作的，表现宝玉的身份、感情；黛玉、宝钗等人作的，则表现她们每个人的身份、感情。是书中人物自作的诗，而不是曹雪芹作的诗。换言之，每首诗都是人物形象的组成部分。作者曾为王熙凤安排了一次联句场面，使她被逼得脱口说出一句眼前的景物"一夜北风紧"（五十回）。这句中既没有华丽的词藻，也没有深奥的典故，又恰是唤起下文的联句首唱。宋代欧阳修、苏轼曾作过"禁体雪诗"，所谓"禁体"，是"不以盐玉鹤鹭絮蝶飞舞之类为比，仍不使皓白洁素等字"。王熙凤这一句，不正是绝好的禁体雪诗吗？王熙凤又怎能作出呢？读者都知道，王熙凤不识字，但她聪明、机智，具有泼辣、大胆的性格和遇事

152

满不在乎的作风。所以她能作这一句，也只能作这一句。这样一句，又绝不能换到宝钗、黛玉等人的口中、笔下。诸如此类，又不是诗选、文选注释办法所能负担的了的。

六和七、即生活习惯和人物的关系问题：这方面看来像是书中最容易了然的部分。我十几岁时看到母亲那里有一套《红楼梦》，但不许我看。偷着看了几次，怕被发现，都是匆忙地翻阅，没头没脑地打开快看，只觉得都是一些"家常里短"，人物是些姥姥舅妈之类，情节是些吃饭喝酒之类，真使我废书而叹。认为这有什么看头，还值得那么神秘？后来知道，即是吃一桌饭，其中也有不少文章。例如"寿怡红"的"夜宴"（六十三回），哪个人坐在哪里，本是毫无可注的，也是并不须注的。但如果有人问起某个人为什么坐在某处，恐怕许多读者未必都考虑过。又如赵姨娘已生儿育女，在贾府是妾而非婢，她的娘家弟兄，当然是探春、贾环的亲舅舅，为什么探春在她亲娘面前却不承认，而说王子腾是她舅舅呢（五十五回）？按清代皇帝选妃是从内外各旗人的家中挑选，而贵族官僚则向他们的庄头家挑选。姨娘的父母兄弟，在主人家具有两重身份：在主人面前，甚至包括他们的外甥、外甥女或外孙、外孙女面前，他们是奴才；他们的家眷，在他们的女儿或姊妹的房中，不当着家长面，仍可以暂时按家人关系见礼。探春不承认庄头身份的亲舅舅，不但说明了阶级制度，即从探春的性格言，这一席对话，也正是探春的完整形象的一个组成部分。又清代贵族官僚家庭中，以至亲戚之间，"嫡出"的子女比"庶出"的子女被重视，常常有庶出子女生下后在旗下衙门报档子（即档案，这里即户口簿）时冒称嫡出。探春公然自称是王子腾的外甥女，也就是庶出子女公然自居是嫡出的，有时也实有这种根据。还有旗人家庭中（恐不止旗人，我见到许多汉人官僚家庭也是如此），未出嫁的姑娘身份最高贵；大伯子对小婶必须十分有礼貌；嫂子对小叔子和侄辈，年龄尽管大不了几岁，她都可以老气横秋地对待他们，生活细节上，有时也不太按"礼防"来避忌。所以凤姐可以那样对待宝玉，也可以那样对待贾蓉。当贾蓉和凤姐纠缠时（六回），在程伟元、高鹗的再版刻本中（即所谓"程乙本"），不知谁在"那凤姐只管慢慢吃茶，出了半日神"之下给加上了"忽然把脸一红"一句，大概修订者认为这样可以暗示她们之间有些暧昧，其实作者并不须要这类"廉价标签"来贴"意淫"情节。因为在习惯上，她们之间本是许可接近的。即使面貌苍白，了无血色，要暧昧仍可暧昧。又如薛宝钗终于做了宝玉的配偶，这固然有悲剧故事情节的必要安排，也实有封建家庭的生活背景。黛玉是贾母的外孙女，宝钗是王夫人姊姊的女儿。封建家庭中，祖父祖母尽管是最高权威人物，但对"隔辈人"的婚姻，究竟要尊重孙子的父母的意见，尤其他母亲的意见，因为婆媳的关系是最要紧的。贾母爱孙子宝玉，当然也爱外孙女黛玉，何况黛玉父母已死，贾母对她的怜爱，不言而喻会更多些。如果勉强把她嫁给宝玉，自己死了以后，黛玉的命运还要操之于王夫人之手，贾母又何敢鲁莽从事呢？宝玉的婚姻既由王夫人作主，那么宝钗中选，自然是必然的结果。这可以近代史中一事为例：慈禧太后找继承人，在她妹妹家中选择，还延续到下一代。这种关系之强而且固，不是非常明显的吗？另外从前习惯"中表不婚"，尤其是姑姑、舅舅的子女不婚。如果姑姑的女儿嫁给舅舅的儿子，叫做"骨肉还家"，更犯大忌。血缘太近的人结婚，"其生不蕃"，这本是古代人从经验得来的结论，一直在民间流传着。本书的作者赋予书中的情节，又岂能例外！不管后四十回的作者是谁，我们也应该承认他处理得完全合乎当时的生活背景，而不是专为悲剧性质硬行安排的这种情节。了解这类的种种问题，对于读这部书是有帮助的。但又岂是注释体例所能担负得了的呢？

八、写实与虚构的问题：前边已经提过，作者虚构的手法，实是随处可见的。我曾把书中的年代、地方、官职、服妆、称呼、器物等等方面虚构的情况加以分析和统计，见《读红楼梦札记》，现在不必重复。我们据此可以了解作者由于有所避忌，所以他不但要把"真事隐去"，即在其他方面，小到器物之微，也不肯露出清朝特有的痕迹。从作者这个原则来看，又有一个问题值得研究了：大观园在哪里？作者是否敢于实写，或愿意实写呢？大观园如果确是某一家第宅园林的样子，难道作者就不怕那一家主人向他问罪吗？如果说是大观园偶合某家的园林，又怎能那么巧呢？无论南北，各处的园林都有它的特点，很少重复的。即如颐和园的谐趣园，大家都知道是模拟无锡寄畅园建造的，但游人共同见到，两个园子毕竟不同。像汉初建造了新丰，把丰邑原来的鸡犬搬去，它们仍一一认得自己的家。这只是夸张了的故事，而不会是生活中的事实。那么今天北京某个残存的某府第园林，又怎能便指为即是大观园呢？如果说大观园即是作者自己家的园林，这固然无需作者有什么避忌。但北京几个残存的府第，递传的主人，都班班可考，没有哪一处是曾经曹氏居住过的。我有一位搞古建筑的朋友曾画大观园的平面图，按书中所写，排列各个房屋，始终对不起位置。比方说：乙处在甲处之右，丙在乙之后，丁在丙之左。找来找去，丁之前却又是乙。大观园为什么竟成了迷魂阵？不难理解，这正是作者有意的安排，如果今天有一处现有的园林完全符合大观园，或说大观园完全符合某一处现有的园林，那么大观园便不是曹雪芹所写的了！

自从脂砚斋批语发现之后，多少读者在其中寻找作者初稿的意图，例如秦可卿之死，"淫丧天香楼"如果算是实写，那么现在传本的写法便是虚写。但前边所举的那些问题，即使查遍各本的"脂批"，又怎能从中一一得到辨别呢？书中这些被作者所设的"障眼法"遮盖的东西，又是注释中最难处理的。

以上对八项问题的探讨，主要是想说明《红楼梦》一书需有注释，而注释为体例所限，又不易把曲折复杂的事物一一详细说透。在一些分析批判思想性、艺术性的文章中，这类"细节"又常是"无关轻重"的。再加本书作者有许多故意隐晦的笔墨，半真半假的言词，越发不易寻根究底了。虽然有这些困难，我们并不能就此放下手，尤其不能眼看着青年读者看不懂而置之不理。在我们能力所及和现有的条件下，要尽先写出可以初步供青年读者或在校的学员阅读这部伟大古典文学作品急需的参考用书。这部《红楼梦注释》即是为了这个目的编写的。

# 《启功丛稿》再版前言

　　功年逾二十，始受教于励耘先生，获闻学术流别及考订之学，得知无征不信为立言行文之根本。时私嗜书画，试笔多就古书画取材。一日励耘师以志趣见询，对曰愿于艺术有所成就，师遂以谐语相鼓励曰："吾初学医，将来亦是方技传中人耳。"

　　其后任教于中学、大学，所涉渐广，旁耽诗词，曾撰《古代字体论稿》。成书时，先师犹及寓目。殆辛苦撰著《诗文声律论稿》，十年始就，师已不及见矣。

　　八十年代之初，中华书局老友傅璇琮先生嘱自哀集零篇旧稿成册，幸有昔年预求先师题署"启功丛稿"之签，即以颜之。傅先生督为从速印刷，出版部门术语曰"拔号"者，不日印成，此拙稿成书之第二册也。

　　历年教书，俱属古典文学。教古文之第一步，实为译古语为今语，于是有探索诗文古今语法之作，其第一篇即收于《丛稿》中。其后探讨渐多，陈万雄先生嘱辑有关汉语之论文，经香港商务印书馆为刊《汉语现象论丛》，此类篇目今遂不再收入此卷矣。

　　今距八十年代初，又将二十年，杂稿又复增多，旧编《丛稿》已难容纳，乃分订二册，一曰"论文卷"，二曰"题跋卷"，老友嘉惠，俾再得就正于尊敬之读者，是可感也。

　　此次拙作《丛稿》再版，重编分卷以及篇目安排、文字校订，多承刘石先生相与商酌，用力极大，谨此致谢！

一九九九年新春，启功自识

# 散之诗选序

散之老人长功十四载，忘年相契，奖誉极深。承以所作水山及草书见贻，并蒙长句之锡。令夏杖履北来，复出选存诗稿三十六卷见示。谆命缀语卷中，功失学无文，何足以论老人之诗？然执业为闾里书师者数十年，亦尝浏览群贤韵语。近世文人之作趋向大约数端：学邃功深者，时呈僻涩；才清力弱者，但饰风华；而画家吟咏，又多蒙盆景之诮。窃谓诗与画，本同功。凡有意求工者，最易落作家习气。优读老人之诗，胸罗子史，眼寓山川。是曾读万卷书而行万里路者。发于笔下，浩浩然，随意所之，无雕章琢句之心，有得心应手之乐。稿中自注最爱宋人之诗，如勉求近似者，惟扬诚斋或堪比附。然老人之诗，于国之敌、民之贼，当诛者诛，当伐者伐，正气英光，贯穿于篇什之中则又诚斋之所不具，抑且有所不能者也。知夫此，始可以读老人之诗，校字既毕，因书卷末，以告世之获读斯集者。

一九七五年五月

（此据作者底本中辑得）

# 影刊宋金元明本词五十种序

影刊宋金元明本词五十种，乃北京市中国书店合辑吴陶两家四次所刻原板而成。初仁和吴昌绶氏双照楼于一九一七年刻成十七种，其板后归武进陶湘涉园。陶氏复续刻二十三种及补编三种，其后陶氏又得毛氏汲古阁抄本七种付梓。合而计之，都五十种。其板片尚存，虽经劫乱，残缺幸不太多，略加补刻，合辑重刷。纸墨一律，精彩焕然，转有胜于当年次第刷印之本。且历次所刷为数不同，如补编三种，刻成后只有印样，并未流传，欲求全帙，贵等球琳。今此编辑成，入手莫非完璧，信可谓书林快事也。

一九八一年八月，启功识于北京师范大学

# 吴承仕同志藏章炳麟论学手札

吴承仕同志不但是一位老学者，还是老一辈的共产党员。他曾长时间在当时的中国大学作教授，也曾在北京师范大学任教。他治当时所谓"国故"之学，也就是沿袭清代乾嘉学派的考据之学，出自章炳麟的门下。章氏发展了乾嘉学派，颇有新的创获，曾跟他求学的，许多人都成为近代著名的大学者。吴承仕同志不但治学态度更为谨严勤奋，而且和章氏的师生关系始终不渝，这可从他们往来的信件中得到证明。今年是北京师范大学成立八十周年，为了纪念我们的这位老校友、老革命家、老学者，我校把他珍重保存的章炳麟先生寄给他的信札若干封影印出版，这不仅为读者参考章氏的考证学说，更重要的是我们可以从中看到这两位老学者之间，尊师爱生的高尚风格。众所周知章氏晚年在政治思想上远远落在吴承仕同志的后面，吴对章虽执礼不衰，而章的嘱咐和邀请则一直没有遵行应聘。这在当时学术界是一件佳话，更是我们这位革命的老学者所以值得尊敬和学习的鲜明事例之一。

吴承仕同志（一八八四－一九三九），字检斋，"检"又常写作"简""纫"。安徽歙县人。早年曾应科举考试，中过举人。光绪三十三年，以朝考一等第一名，被授予大理院主事。民国政府成立后，任司法部佥事。后潜心学术，专治经学。一九三六年，吴承仕同志加入中国共产党。一九三九年不幸病逝。

章炳麟（一八六九－一九三六），字太炎，浙江余杭县人。早年受学于俞樾、孙诒让，后来参加反对清朝的革命，又被迫流亡日本。袁世凯窃国，他再加反对，复受袁的迫害，终于坚持不屈，是一位近代资产阶段革命家。他的学术成就和影响，更是世所习知，不待这里多加介绍。

这一批信札中最早的时间是一九一一年，最晚的时间是一九三三年。其中有少数几札残缺，也有几札不知时间，其余大部分都可以从邮局盖在信封上的戳记看到年月。这里边有一些篇、节曾在章氏生存时即发表在一些杂志上，现在那些旧刊物已不易看到，现在全部加以影印，附印释文，并加标点。

从这批信札中大略可以对章氏的治学兴趣和方法得到一些理解：他曾研究佛教哲学，也接受宋明理学家的思想，他的目的并非出世的，而是设想借此来挽救社会上的腐败风气。他研究"经学"，早有他的许多专著，即从这批信札中看，也占绝大比重。这固然由于答复吴氏的问题而作，但从中看到他对群经和注疏的精熟，逻辑推理的细密，确实非常值得钦佩。论古音韵的精确，是早有公论的。由于他不治金文、甲骨，考订古文，引证只到正始石经，取资未免稍窄。又在论古文经时，设想所及，曾推测梅赜古文原本，就不免有些落空了。信札中有许多谈到清代皇帝祖先世系的，按种族革命已经是资产阶级革命的范畴，何况种族问题上，专门探讨统治家族祖宗世系是否真实，时间又是在清王朝已被推翻之后，这只能说是种族革命理论的惯性延续而已。至于对五四新文化运动和共产主义运动所具的保守思想，则更是资产阶段革命家无容置辩的局限了。我们出版这批信札主要是为读者特别是在学的青年看到这位老学者治学方法精密，态度严肃的方面，以期有所借鉴。

章氏好写古体字，原札年久又有些残破的部分，释文可能有不确的；限于我们的水平标点也可能有错误处，都希望读者批评，以便改正。

一九八二年

# 历代石刻文字图录序

　　自古镌石，其功用有三：铭勋纪事，寿诸旗常，其功用在文；篆隶草真，跳龙卧虎，其功用在书；笔毫使转，刀锋竟呈墨彩者，其功用则在于镌。此三者有一不具，不足以称巨制。后之学者，研求之道亦多，于此三者，亦不免各有一偏焉。

　　宋之欧、赵、诸洪，只成筚路蓝缕之功，明之郭宗昌、赵崡举，局促不能畅其旨。逮于有清，其道发扬，王昶、翁方纲出，蔚然成为大宗。然王详文词，翁详点画，未免各有倚重。最后杨守敬书出，以影印之法，缩摄碑志全拓，以视钱泳、万承纪之缩刻，顿有霄壤之判。倘合三家之书而观之，几可谓无复遗憾者，亦影印术发明之赐也。

　　然事无尽美，学无止境。王氏之书，释文常因石质损泐而有误；翁氏之书，颇病于饾饤；而杨氏书有图影而无考释，欲通读一碑，往往须合摊众册，并几而观之，每为学人所苦。

　　今上海书画出版社出版戚叔玉先生此稿，合前贤之众长，补诸家之不足，诚盛举也。叔玉先生潜心金石之学，深通八体之法，爬剔搜罗，详勘精校，观其美备，有不容已于言者。

　　此书搜求碑志石刻，近六千种，详录释文，各记尺度，并翻刻、伪刻，存以辨疑；俗称、别称，并列互见。附以索引，用便检寻。足俾考史论文者，各有余资；且影印精工，小中见大，探究书艺者，亦足多所借鉴。

　　夫裁割拓本，装成卷册，所谓襄衣褾者，唐代已有之。后世于名碑

161

佳拓，无不如此装池，临习披读，其便固不待言，而于文于书，又复各有其弊。盖碑志中字或残泐，而位置尚存，连贯推示，文义仍可略见。至于书法，结字用笔之外，左揖右让，上启下承，行气章法，攸关亦非细事。一经剪割，诸端俱失。杨书虽堪略救此失，而影印未精，难与兹书并论。

今之学者，得此一书，同收三用。考文者无烦列席摊册之劳，肄书者，得资字法章法之助。信如艨艟巨舰，安行于艺海之中，杞梓良材，丛生于学林之内。其用心之苦，功力之宏，具见凡例中，又岂区区引言，所堪悉述者。谨著管窥，用告同好！

一九八四年夏日　启功

（此文自草稿存件辑得）

# 《古代小说戏曲论丛》序

中华民族文化，不但在纵的方面有悠久的历史，在横的方面有多种的门类，不逊于世界上许多具有悠久历史文化的古国，至于遞嬗蝉联，极少间断，我们中华民族更是十分足以自豪的。

在文化的各门类中，举文学来说，我们也有极其灿烂的成就。无论有韵的诗歌、韵文，无韵的骈文、散文，都有无数的名家和大量的作品。历代诵读的人，评论的文章，纵古至今，可以说多到无法指数的。

近六百年来，陆续出现广大人民喜闻乐见的小说、戏曲，既具有民族文学的传统，又融化着民间丰富的创造精神，突破了两千多年的躯壳，昂然自立于近世文学之林而毫无愧色。可惜的是，这些伟大作品一直不登正统文学的"大雅之堂"。迟至近数十年，才有鲁迅先生和王静安先生为它们修了"史"。

史有史的体例，史有史的职能。一切史书固然也都有分析、批判，但不可能把全力都用在这方面。因为它还需要有所记录，有所反映。所以鲁迅、王静安二先生的那两部专史，不可能满足今天研究古典文学的人一切要求。现在聂石樵、邓魁英两位同志合著的这本《古代小说戏曲论丛》，恰恰可以弥补这方面的缺憾。

这本书对于古典小说、戏曲有重点地进行了研究。小说方面，分析了《聊斋志异》《红楼梦》《儒林外史》；戏曲方面，分析了作家关汉卿，作品《牡丹亭》《桃花扇》《长生殿》，也谈了剧种中的昆曲和它的创造者等等。六十年代在教学、科研工作中有两句口号，即是"以点带面"

"以论带史"。后来带动的"带"，被某些人误解为代替的"代"，在工作中出现了一些不符原义的现象；但这是"代"字的错，而不是"带"字的错。现在这本《古代小说戏曲论丛》实是正确地符合了两个"带"字的精神，也是从普及基础上向提高探求的一个很好的阶梯，掌握了这些重点之后，再看鲁迅、王静安二先生的书，就会得到更深刻、更细致的理解。鲁迅、王静安二先生所没说到的，在这里可以得到补充。

这本《古代小说戏曲论丛》不但是一部好著作，读者还可从中看到一项佳话。当今古典文学界的同志都熟习，聂、邓二位是夫妇，在教学、研究方面，他们是志同道合的战友。历史上夫妇合作的文艺创作以至学术研究，是不乏前例的。最有名的，首推元代赵孟頫、管道昇的书画。但早有证据，管的作品都是赵所代笔。其次是清代郝懿行、王照圆都有著作，但也已被人证明，郝的书中和别的学者雷同了不少，那么他两人的著作很有可能同出第三者的手笔，当然就更非真正合作了。近代、现代夫妇真正合作的例子倒确实不少，但像聂、邓二位，求学时同班、同好，工作时同校、同系、同教研室，又同在古典文学的教学和研究工作中相互砥砺、共同前进，这又岂是从前那些人所能企及的呢！

我和他们伉俪相识至今，已三十五、六年了，虽然我了解他们远不如他们了解蒲柳泉、曹雪芹等人那样透彻，但当我听到要我给这本著作写个前言时，我却毫不犹豫地接受下来。原因是我愿意借这本书的副页上写几句话，来告诉年轻向学、有志研究古代小说戏曲的读者：这两位同志的著作，不仅内容有参考价值，他们数十年如一日的勤苦工夫，更是值得学习的。我既是他们的治学精神的一个有根有据的证明人，所以也就责无旁贷地拿起笔来写上这几句话。

一九八四年三月

# 《书法概论》前言

书法是我国民族文化的优良传统之一，它既是文化交往的工具，具有实用价值，也是一门独放异彩的艺术，富有欣赏价值。发扬书法这一优良传统，普及汉字书法知识，这对于建设精神文明，增强青年文化修养都有十分重要的意义。国家教育委员会按 1985—1990 年文科教材编写规划，委托北京师范大学组织编写这本教材，供大学本科初年级学生和中、小学的书法教师使用。本书内容以简明扼要为主，所介绍的基本知识和方法，也选择实践有效、不弄玄虚的，才加推荐。

当然任何一门学科、一件事物的研究角度和处理办法，都不可能各自只有一种，艺术学说流派，也更需要百家争鸣。这次编写的这本教材，只是这组执笔同志商量探讨所得的，并不影响其他更好的理论的发挥和方法的探讨。

汉字书法可以说是中华民族文化的升华。从最简单的功用来说，书法只是文字形状的加工，不过是不同符号的不同画法。但它在几千年来，一直起着艺术语言的作用，深受广大人民的爱好而不断地传播。它表现多少人的思想感情，在许多人眼中，它竟自可以成为人格的标志。更奇妙的是这些符号本身在千变万化中，却有被人共同承认的、不知由谁给规定的、无条文的艺术法则。

回顾它的历史时间和它所传播的地区，真可以说纵横无限。几千年前，从有成熟的文字开始，就有书写美观的要求。这种要求，即成为书法艺术的探索和实践。另一方面，汉字书法艺术又不仅为中原汉族人民所独有的文化财富。历史证明，若干边远地区的少数民族中，也曾有很多卓有成就的书法家，他们的作品，已成为中华民族文化中不可分割的一个组成部分。再加放眼，若干世纪以来，和我们友好的邻近国家中，使用汉字时，讲求书法艺术的，都有极大的成就和不断的发展。我们今天作为中国共产党领导下站起来了的中国人民，在书写汉字时，宜有怎样的要求，确实是值得积极考虑的！

书法的研究和实践，主要可分两个阶段：一是实际应用，可以算初级阶段；二是艺术提高，可以算高级阶段。当然实用上并非忽视美观，而提高上也不是不顾笔划的正确。

以下先谈初级要求和它的目的。分两点说：一是准确，每一个字写出来清楚准确，看的人不致误会成别的字，这已是人所共知写字最起码的条件。二是美观，怎样才算美，这个美学上、哲学上的理论，当然不是本书里所要探讨的。但关于书法入门学习时的美观要术，则是极其浅显的。它的标准并不高，只要看起来清楚顺眼，一封信寄给朋友，对方看过后，还愿意保存把玩；一条板书，学生抄录时顺利无误；一篇文稿，排字的工人同志看着心明眼亮，排起版来，效率更加提高；还有自己签名写的字，当然并不多，但一本签名册，大家来看，却是一种比赛。自己拿起笔来，又翻看别人所签的，人家如何，自己如何，不难"得失寸心知"，比不过别人时，自己必感惭愧。如此等等，都足以证明平常写好应用的字，是如何重要的。

至于艺术提高问题，高的程度，提的方法，都不是一时所能说透的。假如有人立志想超过王羲之，完全可以。其实事物永在不断发展，王羲之的书法，早已被历代书法家陆续突破。现在即使想完全密合王氏的书法，事实上已不可能，并且也没有必要。创造新的风格，达到优秀的地步，则在学者自己努力。在已获提高、有所成就后，题写什么，展览什么，出版什么，博物馆、收藏家保存什么，乃至分宗开派，成为美学上、艺术史上一个珍奇的创造，更靠书法艺术家自己去探索研究，反复实践了。

汉字字体，从古到今，最概括来分，约有篆、隶、草、真、行五大类。例如甲骨文以至小篆、缪篆，都可归于篆类；章草、今草、狂草，都可归于草类。各体中，有的在今天只成为美术体，或说是装饰性的字。例如缪篆，从来即只用在印章上，没见有人用它来写信；狂草几乎只成为某些书法家"兴到之作"、"神来之笔"，若商店用它写招牌，恐怕多数购货人叫不出店名的。本书既属教材，所以只谈最通行应用的真书、行书两种，有部分涉及草书的，也略加介绍。以后有条件，再详谈其他字体，以及各方面的理论问题。

　　这次是编写的初稿，希望读者在阅读参考和练习实践中遇到问题，给予指出，以便继续改正。

# 《邓拓书法集》跋

我几次听到丁一岚同志谈起邓拓同志革命的艰苦历程和卓越贡献，也听到浩劫之初就碰到的不公遭遇，以至含冤而逝的情况，真使我瞠目结舌。不知用什么话去安慰她。

邓拓同志的文和诗，可以说是有口皆碑，不待我在这里多加介绍；书法在他笔下，可以说是余事，而成就辉煌，也是有目共睹的。

我曾读过邓拓同志所作论书法的文章，他主张学写字时最好不先从临摹碑帖一点一画地入手，而是先抄书抄稿，字字行行有个整体的观念和习惯，以为基础，然后再学碑帖，往精细处研求笔法。这无疑是先有栋梁，后施彩画的道理。再看邓拓同志的书法作品，可以说是真能体现他的理论的。也足证他的理论是行之有效的。

看他的书法，首先没有"造做气"，放笔写去，主要表现的是有"气魄"，若仔细推敲笔划，又处处符合传统。

从前人论文章的标准，首先是"平正通达"，论画又贵"平淡天真"，我看邓拓同志的书法，正是达到了这种境界，想广大读者必不以为我这议论是"阿其所好"吧！

一九八七年夏日，启功识于北京师范大学

# 标点本《喻林》序

#### ——兼论校点古籍的一些问题

人之所以成为"万物之灵",原因很多,我想其中至少有两项是其他动物所不具备的,即语言和文字。

人用语言表达意识,交流思想;用文字传播语言,记录经验,使得已有的经验,不致遗忘或遗失,而在已有的基础上再不断地增加。这至少是人类文明、文化逐步发达的一种因素。

但人类发明和使用语言文字,却是很费力的,即以一个事物说,如天,怎么表达,把它叫做天,又是怎么想起的,又为什么用这个声音给它命名?训诂学说,"天,颠也"。颠是"上头",上头又应从哪里算?我们身体最上边是头发,再上是帽子,再上是屋顶,再上也许有树枝,再上也许有云雾,有大气层。颠,究竟指哪一层,天,又包括哪些层?可见这个命名,实在出于无奈的。再如鸡、鸭、鹅,都是模拟它们的叫声,即以它们的叫声做它们的名字;椅,因为能倚,桌,因为能卓,都是牵连借用。

人,篆书是一个小圆球,下有两条曲线,像人头和人身、人臂。从人体的组成器官说,并不止这三项,外形也并不止这个姿式,为什么这样写,又为什么用那个声来为它命名,想来都是出于无奈的。此外山、川、日、月等字,也都是从模拟它们的形状开始。以上各例,无论是命名用的声音,或是做符号用的形状,都是以偏概全,极不周密;至于虚字语辞,更是游离不定,难以捉摸了。

经过穷追细问之后，发现无论具体事物的命名，或抽象意识的表达，还是符号的选择使用，都只能用一个侧面或一个局部来比拟、代表，而从来没有少数的声音和简单的符号，便能全面地、透彻地概括某项事物和某种思想的。

近代学者发现了语言上这种情况，无以名之，名之为"模糊"，于是有"模糊语言学"或"语言的模糊度"等等说法，其实这"模糊"二字的本身，也是非常模糊的代用品，因为一切事物从命名取声到用字取形都是在不稳定、不周全、不得已的情况下产生的。再由已取定的名称或虚词引申开来，从多种角度借用，配搭，一个字、词，便可以加上若干倍地变化使用。如"天"的上下可以附加若干字、词，如天空、天才、天伦、天然、天下、天生……一天、白天、晴天、阴天、蓝天、青天……一个天字，翻来复去，上下配搭，便成了若干不同意义的词，而天字本身又因为和别的字、词作伴，而使它的意义和性质也起着不同的变化。

一个以音为主的口中的词，或以形为主的纸上的字，既然都相当地游离活动，因而要它表达非常固定或确切的含义时，有时反而不易；相反，它们虽然具有游离活动的性质，如要用它们表达一些曲折复杂的思想、理论，又会发生意义上的歧互。所以常见一个表达事物的名词，为了说得确切，不得不在它的上下附加些个装饰词、标志词、辅助词；一项比较抽象的思想、理论，直接铺叙说明，常有说不透、说不尽处，就不得不借助于其他事物来辅助、补充，这就是比喻手段的起因和它的深而且广的作用。质言之，从一个字的名词开始，即可看到比喻手段的使用。至于曲折复杂的抽象道理，比喻的运用就更是必需的了。

我们知道，《庄子》善于用比喻说明抽象道理，《战国策》善于用比喻说明政治利害，《韩非子》有"内储""外储"及"说林"等篇，内容都是些小故事，"储"它们作什么？是准备见诸侯时用的游说材料。游说为什么要用小故事？不外乎是药外的糖衣，催眠的乐曲，借着对方听起来有趣味的机会，把自己要说的理由顺利地灌输进去。此外大家常说古代的孟轲、后代的苏轼，也都善于譬喻，这比《庄》《韩》《国策》更为普及，其实何必远引古文，即日常任何文章，甚至普通说话，如果一律抽掉一切比喻成分，恐怕是很难达意的。前已说过，每一个字、词的成立，即已具有比喻的性质，所以如果把比喻从起码的字、词抽起，那便会一字俱无，也就没有语言了。今天要考究某些字、词的比喻作用，有许多古书在。从《尔雅》《说文》《广雅》《释名》等，以至后人的训诂研究成果中，可以解决极大部分。至于成段成篇的比喻言论，散见各书，漫无系统，《喻林》一书，搜集较有系统，可说是探索语言特点的一种方便的资料总汇。

明代徐元太从准备行文参考的目的出发，搜罗历代有关譬喻的资料，辑成《喻林》一书。他说"采摭设譬之词，汇为一编"，共一百二十卷。上自经、史，晚到小说，旁及佛典，凡古人用作比喻的话，少自片语，多至成篇，无不采择，可谓洋洋大观。见此，使我不禁想起鲁迅所表彰的《百喻经》。当五四运动之后，文人厌憎中国旧有文学艺术，而向往西洋的文学艺术，鄙薄国内已有的典籍，而搜罗国外的典籍，因此印度古代的譬喻作品，也受到相当重视。当时石印、排印的技术已很普及，而《譬喻经》却受到木板精刻的待遇。我读书太少，不知鲁迅先生当时是没注意到这部《喻林》，还是受《喻林》的启发而注意到《譬喻经》，总之《喻林》不但收编了《譬喻经》，而且还选入了许多其他佛典中的譬喻作品，所以今天重印《喻林》，应该说是发展了鲁迅的意愿了吧！我校张巨才、张新梅同志夫妇合作标点，排印流通，确实是有益于语言文学研究的一件好事。

他们嘱我写序，同时也有一事征询我的意见，即是如今重印某种旧书时，对这书中援引的古书字句，一般是替他查对改正以至补足。这个做法，现在颇被重视，列入所谓"整理"应有的手续之中。而我则稍有不同的看法，所以我向他们提出的意见是：暂照原文排印。

按现在流行的古书"整理"手续约有以下几项：一曰选择底本，二曰校勘字句异同和脱误，三曰标点分段，四曰辑补佚文。这本是今天重印古书必不可少的手续。但在这种工作过程中，常见有两项不无可商的事：一是"查对引书"，即对书中援引的古书都要查对被引的原书，如有异文便改变引来的字句，使与原书相合；二是"改正明显错字"，即把校点者所认为是"明显错误"的字加以改正，这改正后边还常加上"不出校记"的声明。

所谓可商之处，即是用现存的古书，来改正引文，固然无可非议，但引者所据的底本是否即是我们今天所见的那一种本子？引者为了自己行文的要求，是否有删繁就简，上下接榫之处？例如司马迁《史记》引《尚书》，有许多像被他翻译过了的话，所引的《尚书》具在，我们标点《史记》，将作如何处理？又如古类书多割裂古书，只存它所需要与那一类事物有关的部分，我们如看古类书中引某书少了与那类无关的两句，在重印某书时便把某书也就去掉那两句吗？这种毛病，乾嘉学者也曾犯过，他们过信古类书引文，而不信现存的原书。后来明清人引文所据，当然不常有已佚的古书（并非绝对没有），比较多的是为行文方便，有所删节，或当做成语借用，并不要求精确，如果一一改从被引的古书，也未免过于忽视行文者的权利了。退一步讲，引用古书，如有误字，当然要校要改，那是校勘工作者应尽的职责，即使查对被引的原书，其目的只是校字，而不是纠正或调整引文。前人引古书随所记忆，并不见得全核对原书，常见所引甲书，而自言是乙书，这类情况虽大学者也不能免。如果按现行"标准"去查去改，岂不是得已而不已吗？例如清代大学者汪中曾引"圣人不死，大盗不止"这两句古书，说它是老子的话，其实是庄子的话，我们今天校点《述学》那个"老"难道还替他改为"庄"字吗？

另一项可商的是：常见整理者说"改正明显错字"，或"改回避讳字"，遇有几个异文，须选用一个时，常说"择善而从"，后边都常加一句"不出校记"。确实是错字，当然应改，既属明显错字，改就改了，不必琐碎详出校记，这本无可非议。只是从一些标点水平看，有些具有常识性不足的标点本上，也常有"改正明显错字""不出校记"的声明，那就未免令人不太放心了。

首先错字怎样才算明显？当然某字在上下文中不合逻辑的，可算明显了。但古人行文，本有不合逻辑处、不合现代所谓"文法"处，改得合了，却未必就是作者原文。明清选本古诗古文，常常信手改字，如杜甫诗"五陵裘马白轻肥"，"裘马"在各种宋本上都是"衣马"。按《论语》"愿肥马，衣轻裘，与朋友共，敝之而无憾"，子路的原话，已经少了一个"乘"字，按今天的"语法"讲，应是"愿乘肥马，衣轻裘"，这实没法追改了。杜甫又把衣和马对举，那难道他读的《论语》原文是"衣轻衣"吗？怎么讲，马与裘是应相对的。明清人把宋板的"衣"字改为"裘"字，可以说非常"合理"了，但若干宋本中这个衣字难道都是错字吗？宋板有错字，并不奇怪，怪在不同的许多宋板，为什么都错这个衣字呢？要用今天整理者的标准讲，这个衣字又当怎样处理呢？算不算明显错字呢？是否也可不出校记呢？还牵连到"择善而从"的问题，是衣字善呢，还是裘字善呢？如果校杜诗，到这里，是否也不出校记呢？

至于回改避讳字，也有人觉得很简单，按照古代皇帝名字一查一改就完了，哪知古代避讳还有些奇怪的例外，明朝前期，皇帝的名字都不避。朱元璋虽把写"为生""作则"的人杀了许多，硬说这些人讽刺他曾"为僧""作贼"，但对写"元"写"璋"的人却并未杀过一个。到了清初，康熙开始要求避讳，一些明朝立场的文人才大避明讳。把"常"写"尝"、"洛"写"雒"、"由"写"繇"、"校"写"较"、"检"写"简"，等等。现在分析古代学者，常从他们的文句中探讨他们的思想，清初一些明朝立场的文人，这样写了明讳，可以说是他们"民族思想"的反映，如果回改了，又上哪里去找他们的"民族思想"呢？又如唐宋人不但避写讳字的本字，还避那个字的同音字，叫做"嫌名"。奇怪的是讳字本字既要缺笔去写，嫌名的字也要缺笔去写，这已经够复杂的了，又还有"临文不讳"的例外。朱熹非常狡猾，他注《四书》，虽然敢于奋笔直改"在亲民"为"在新民"，改"五十以学易"为"卒以学易"，但在"让"字处，又玩了花招。正文中"让"，和直接解释"让字"的注中，都作本来的"让"字，大概有"临文不讳"这条根据而照写不误，但在他处注中属于他自己行文发挥处，让字意思的字，都写作"逊"，这就瞒过了我们一些精密整理、回改讳字的人。即使有所察觉，又将如何处理呢？因为那个"逊"安如说是避讳，难道不许朱熹自己用逊字吗？如说不是避讳，这里的逊字又分明是"让"字的意思。放着通俗的"让"字不用偏用较为古雅的"逊"字岂不是分明去用官定的让字的代字吗？回改不回改呢？出校记不出校记呢？

整理古籍还涉及古体今体文字的问题，现在国家功令，规定许多简体字为标准字，称为"规范字"，这当然是必须遵从的，排印报纸、书籍都应用它，也是无容置疑的。但在整理古籍时，有些古书上的特定古体字，"约定俗成"，甚至可说"积非成是"，改写作今天的规范字，本无不可，但对这本古籍的六朝以来的旧面貌，多少算是打了些折扣。如《易经》中的"无咎"（无字与规范字暗合），《周礼》中的"庙"字（即"庙"字是另一种简写法），《汉书》中的"弓"字（即"以"字的古体）。这类字即使全写成今天通用字，其实也没什么关系。至于"於"和"于"，今天已废"於"用"于"，我们写起，确很方便，六朝唐宋以来，二字也已通用。但在整理更古的书籍，就不免有问题了。先秦古籍，特别在《尚书》、《诗经》等书中，这二字就大不同，"於"当发声词，如"於乎"即"乌乎"；"于"当关系词，约同"在"的意思，若在金文中界限就更清楚了。这本比较容易解决，如果今天把《诗经》印成通俗读物，只在"前言"或"凡例"中交代一番，也就行了。但《喻林》所收的古书是从《易》《书》《诗》起的，若不"查对原书"，囫囵排印，也就算了；如忠于原书，一一查对，就须要特制一些字模，而从全书统一体例讲，又成了"部分不规范"的用字了。

从以上各例看，整理古籍，似易实难，常常有顾此失彼的问题，所以我回答校点者说，暂且不必细对所引原书，引错了的由引者负责。校点者只管校对错字。怎知是错字，当然须查原书，查出了错字以外的问题，至多出一条校记，不要认为错字都是"明显的"，也不要认为自己选择的字都是"善"的。有的"序言"印了半本书的纸，不如省出些纸来，负责地多出几条校记，以使读者放心。

一九八八年六月

# 《沙孟海先生》画册跋

回忆"文化大革命"十年，若大的祖国，搞成了一潭浑水，更提不到什么文学艺术的交流了。大盗既败，北京才逐渐得见江南名家前辈的手笔。

我初次拜睹沙孟海先生的字，是在北京荣宝斋。我既没见过沙先生的面，也没看过他执笔写字。但从纸上得到的印象，仿佛有一股热气扑面而来。看他的下笔，是直抒胸臆地直去直来，看他的行笔，可算是随心所往而不逾矩。笔与笔、字与字之间，都是那么亲密而无隔阂。古人好以"茂密雄强"形容书风，于是有人提出疏可走马，密不通风之喻，其实凡是有意的疏密，都会给人有"作态"之感。沙先生的字，往深里看去，确实有多方面的根柢修养；而使我最敬佩处则是无论笔的利钝，纸的精粗，人的高低，好像他都没看见，拿起便写，给人以浩浩落落之感。虽年逾八旬，眼不花、手不颤，无论书信、文稿，都是不超出一厘米的小字。这只能归之于功夫、性格、学问、素养综合的效果吧。

后来有机会见到了老先生，看他腰杆笔直，声音沉厚而洪亮，接谈得知，他长我十二岁，真令我自愧蒲柳先零了。每见先生，总是以忘年相待。当我在"条件反射"的情况下执礼毕恭时，先生说："你再客气，我不和你作朋友了！"我不由得大笑，所笑不是别的，而是觉得像小孩所说"我不跟你好了"似的。这句老天真的话可惜当时没有拿录音机录下保存。我每到杭州，必登门拜谒，坐在小客厅里，先生也不太让谁上座，随便各找坐位，就谈起天来。经过两三次后我发现一事，先生都是自己随手拿一把小椅靠房门处一坐。本来很自然，但仔细想来，那是这个屋中最末一个位子，是主人的位子。于是小中见大，使我得窥先生律己待人是如何严格的了。

每次酒席、游览之会，都不免有当场写字题诗的活动。我如果有什临时打油小诗，写出稿来总要先呈先生看过，先生常常郑重地指出："这句不好！"我有时因为没明白不好何在，又当怎改，再问先生时，先生加重语气说："就是不好！"我在这"一喝"之后，也知道怎么不好和怎么改了。这一喝的情谊，应该有多么大的分量啊！

先生近年正在编辑有关书法史的一部稿子，许多方面，总是很轻松地交换意见。为什么说"轻松"，因为先生从来不摆出"不耻下问"的架式或口气，这样我也才毫无顾虑地陈述管见。有时拿过一篇写出的稿纸，让我逐句看，我也"忘其所以"，指手划脚，先生竟像记笔记似的一字字在稿纸上改。事后我清醒过来，大为后悔失礼，而先生却欣然点头，似乎肯定了我背诵功课的及格。

由于居住南北甚远，我获陪杖履，次数并不太多，每次见面，也不一定都有什么问题讨论，默然片刻，也觉得有"虚往实归"之获。近几年先生有一极痛心的事，我见面时不敢慰问，以免引他伤心，他只自"唉"了一声，就很明显地找个话题说起，可知他是能事事自寻排遣的。

我闻：静者多寿，学者多寿，书家多寿，我再补充一句："人所敬爱的人，必然多寿！"

一九八八年孟春，启功敬识

# 启功师友书画展引言

我幼年上学习字，可以说只是照字描摹，既不懂什么叫笔法、结构，也没有兴趣。但见先祖在扇头画山水小品或竹石花卉，就发生既好奇又羡慕的思想。总想：我长大了能做一个画家该多么光荣。不幸在我十周岁时，先祖逝世，我也失学。十五六岁时，拜贾羲民先生为师，学画山水，同时获闻画家流派，笔墨特色，真伪之别，种种知识。

后又由贾老师介绍，同时向吴镜汀先生请教，这时年龄稍长，基础渐宽，也稍读了些书。于是手下的笔墨工夫，眼中的古画名作，脑中辨别见解，都渐多起来，只是书法总不及格。甚至有人要我的画，但不许往上题字，从此我才发愤学习书法。

由于种种社会因缘，钻进了教书专业，而没做成画家。不但未能成"家"，即连笔墨工具也一律束之高阁？近十余年书画又复振兴，我从前的工具，也又从尘土堆中搜寻出来。因为这些技能，当年还没卒业，今天虽然有时受人谬奖，我自己却终无信心。我教了五十多年的书，但从来没教过书画，所以在这门技艺中，我是上有师、中有友、下不敢有"徒"。

这次由日本国友好人士的热心提倡，举办联会展览，负责联系的朋友，到我家来谈筹备事项。我手边的书法作品太少，绘画更没有现成的习作，不够撑起展室。恰巧那天有几位朋友来访，因约他们拿出作品会展，承他们慨然合作，这便增加了展览的光彩，也给了我很大的鼓励。这次既未能拿出我温故的绘画习作，只好把吴老师的遗作书画抬出来，有如先师鉴临，也是一种对我的督促。可惜贾老师的画迹，已遭劫火而无存了。

那天在座同意支持展览参加作品的朋友，有谷豀、胡云复、庞书田、苏士澍四位先生，还有帮助我们作展品出版方面多项工作的庄嘉怡女士，我都应在此致谢。

现在我们六个人共同希望尊敬的观者、读者给予指正！

启功一九八九年七月

# 《中央文史研究馆书画作品选》前言

　　我中华人民共和国开国之初，全国各地即陆续筹建文史研究馆，至今已建的达三十余所，延揽文化界高年宿学之士已数千人。四十年来，累经换届，仍为许多文史艺术名家荟萃之地。平时约期从事文艺活动，继承传统，推陈出新，不乏优秀成果。于增进精神文明，各有贡献。

　　公元一九八九年秋，由中央文史研究馆发起，搜集全国各馆馆员的书画作品，包括各馆中已故耆宿的遗笔，共约四百余件，在北京故宫博物院中分批展览，颇受赞扬。

　　为了面向更广大的书画艺术爱好者，本馆将摄影效果更佳的书画精品一百件出版、成册，以供欣赏，并求馆内外读者予以指教！

一九九零年元月中央文史研究馆志　启功敬录

# 《董寿平书画集》序

董寿平先生是当代画坛的耆宿之一，他比我长八岁，忘年下交，对我的艺业促进很多。董先生艺术天才极高，他的画，下笔便那么姿态灵俏。没见他长卷巨轴去硬摹古人成品，也看不出他有意追求某家某派的风格。但在他的画上，处处都不乖于古法，又不拘于古法。他不哗众取宠地标榜"与众不同"，而在当今同时代的画家作品中，却又找不出雷同的痕迹。

董先生多年来最喜作苍松和梅竹，梅花也有老干新枝、繁花疏影的各种规格，我既喜爱他的密点红花，也喜爱他的横枝淡蕊。因为他的繁密红瓣，一望而知不是一堆樱桃，而是一树得时地的红梅，他的疏影墨梅尤其是我所欣赏的。我曾题过一首诗说：

墨痕浓淡影横斜，绰约仙人在水涯。有目共和标格好，这般才是画梅花！

尊敬的观者，如果比对来看，定知我的拙句不是"欺人之谈"。

董先生画墨竹，风枝雨叶，潇洒自然，在画竹的历史中，一时找不出他是学哪家哪派，从文与可、赵子昂往下数，到夏伸昭、郑板桥，都对不上口径。但他绝不是凭空臆造。我常在他的墨竹作品前，远看、近看，总觉得枝枝叶叶是书法的点画，而整体又是一片活生生的竹林，再看他提笔画竹时，从粗干大叶到细小的疏枝，总是那一管秃笔，这使我更比只看画面效果时倍加佩服！

他也常画云山，是黄山的景物，也和他的梅竹一样，是黄山、是董老，而不是梅清、石涛或什么别人。他的书法，也正和他的画风相似，这大概是由于固有的天赋。他写字时，总是提笔悬肘，看去像漫不经心地轻松挥写，写成了看，又处处都合乎草法。点画是那么沉着，行气和章法又是那么匀称自然。不常见他临写帖文，但字字又都不是杜撰出来的。

他喜爱有两人在空中对面拉着一张大纸，他站在纸的左边，悬着笔在纸面写字。我们知道，这样写，不但手不易稳，而且稍一不慎，用力略重，就把纸刺破。他却能一气呵成，和在案上平写一般，据传说这是清初王铎常用的写法。王铎是洪洞县人，董先生大概在家乡曾得这种秘诀吧？

这册是先生的及门诸贤搜集的董老历年作品集印成册，在董先生平生作品中，当然属于一小部分，但是海水一勺，可以知味，从这册中探讨董先生的创作思想、创作方法、风格特点和自成一家的途径，我相信，后学如能认真从中分析领会，对于自己的艺术必有很快很大的提高！

一九九○年八月启功识于北京师范大学

# 《祝遂之书画篆刻集》序

大约十许年前，我初次登杭州龙游路沙孟海老先生之门，获见一位英年的秘书，经介绍，得知祝遂之先生之名，并得知他不但在校求学时亲承沙老的教导，又在许多年中协助沙老作编辑整理书学史的工作。他所以不但在书法创作艺术上有今天的成就，又在书艺的历史和理论上也卓然具有丰富的学识，可谓渊源有自的！

我们无论研究哪方面的学术，特别是文学艺术方面的，不但要有创作上的实践，还要有理论上的见解。因此在学习创作入门之初，常有两种情绪：一是恨不得立刻能像某家某派的风格；又一是总学不像时，便想放手独创，古今某家某笔常向上偏，我硬反向下偏；某家某几笔写得密，我则硬要把它写得疏等等。及至写完了粘在墙上一看，真要把我自己气死，某家写得笔歪，但觉歪得也不难看，而我写的歪，怎么越看越不好看呢？最后自己得出一项"结论"，大约是自己的审美标准已被某家俘虏，美恶的观念多随别人旋转的缘故。于是树立自我规定的标准和理论：我的笔迹，表现我的性情，有人不懂我的性情，即不能算一位能客观对待美学的欣赏家。结果有一段时间，我写出的字迹，似扶乩"降神"的笔迹，有的字连我自己也认不得了。这才冷静自思，根源乃在急于求成。回转头来用功时，怅然自失，前一段的速成，未免速多成少，时光大有白费之感。

我在回头再从临帖起步时，又曾被几项问题所困惑：一是碑上的字，笔笔方整，手执圆锥形的毛笔，无论如何总写不出那么方的笔道；

二是帖也讲求古拓，但多笔划混圆。越临越糊涂，结果可谓只得其混，不得其圆。今天回忆，原因在于眼界不宽，少见法书真迹，又无正确的师传，徒然乱走弯路罢了。

所谓师传，并不是任何一位坐在"师"的位上，向我们"传"他自己的某些所谓的方法就叫作"师传"，而是具有崇高的学问，深厚的修养，久经躬行实践，得到融会贯通，深具乐育英才之心，不惜辛勤传授之苦的老师，哪怕一句话的提醒，一招一式的示范，都能使后学一生受用不尽，这才称得起是我们的师表。

我细细阅读了祝遂之先生这本书法集的稿子，乍一望去，毫无疑问，他是得到沙老指授的，但风华腴润，又特具壮年书家的通常特色。沙老现在的书法境界，正如孙过庭评论王羲之晚年书时所说的："思虑通审，志气和平，不激不厉，而风规自远。"而我们却从遂之现在的作品中，可以想见他是怎样实现沙老在书法理论上的某些意图。沙老中年，纵横驰骋于古代名家书艺天地中，费了多少心力和实验而得出的某些途径，亲自授与亲炙而有成就的人，使之得到事半功倍之益，这又是我们后学者的最大幸福。

从遂之这册书画集中看到他现在的成就，据我初步的理解，有以下几个特点：一是有根底，能把师法和前贤的成果自然地体现在自己的腕下，成为自己创作上的主要营养；二是不为成式成法所拘，在用笔和章法上随时体现机智的创新；三是每当有所创新处，使人看了并无生硬之感，而觉得似曾相识。这便是食古而化的功效之一。他的画法作品，也正是在传统的工底中见新的机趣，可与他的书法作品齐观，这里就不重复举出拙见了。

我当然不是说祝先生的书艺成就现已达到十全十美的地步，也可以说这是从来没有人能够达到的，甚至可说世上事，尤其是艺术创作，从来就没有可称十全十美的。但对这本书画集来说，在我读了之后，还想再加翻阅。当然谁翻几次，必然各有不同，要知得到读者哪怕仅止一次的重翻，应该是多么不易啊！我确实见到过有些人拿到有些刊物时的反应，与此情况不同的，就不待细说了。至于我前边所谈祝遂之先生作品中的几个特点，都表示在哪件作品上，限于篇幅，来不及一一举例为证。想方家读者不难印证。而以上我个人的一些拙见，是否有当，还希望祝遂之先生和本集的读者惠予指教！

一九九二年五月于北京

# 《启功书画展览留影集》前言

三年前的一个夜晚，友人郭国忠先生、王宁世先生和他的令妹王立梅女士在我的家中闲谈。我说起想捐献拙作书画，以义卖所得，作为先师励耘书屋主人陈垣先生奖学助学基金，他们都非常赞同，并表示鼓励，愿予协助。

当时香港霍英东博士由于关心祖国教育事业，慨然捐赠巨款，为我们北京师范大学建起专供教学的大楼。最近已经建成，署额为"英东教育楼"。霍博士为酬劳我校为建楼尽力的一行有关人士，邀请到香港参观休养，我也在被邀之列。因乘便将拙书大小一百件、拙画大幅十件，随携到港，以备展览。

这时之前数月，旧友荣智健先生因其他事邀我来港游览，我谈到拟作展览的事，他也非常赞同，亟愿协助。并立即谆谆嘱咐荣宝斋香港公司的顾问王大山先生，请他代为具体操持展览一切事项。此时期我也向许多位在港的旧识、新知谈到此事，无不愿意大力支持。竟自使我这枝戋戋小笔，不胜备记好友的芳名，只好在此统表衷心的感激！

这次展览，首先是为求教。贱齿虽然日增，但还希望有所长进。这些拙作，如承高明指教，我所受益，已是无限的。至于各位友好赞助基金，我奉呈拙作，只是纪念性的微物。笔墨所值，轻等微尘；而赞助厚谊，重同山岳。有友人戏向我称："你的书画行情"如何如何，不但使我惭愧万分，也实在不符合实际性质的。

最后应该再提一次的，是荣宝斋香港公司，鉴于这次募捐所得，启功既全数献作教育事业上的基金，北京师范大学也表示决不另作他项使用，因而也慨然不收任何手续费用。谨此敬向分神助力的许多位同仁，表示至诚的感谢！

公元一九九〇年十一月，启功谨识

# 黄庭坚草书《廉颇蔺相如列传》说明

宋代大书法家黄庭坚，字鲁直，号山谷道人，山谷老人，又号涪翁，生于一〇四五年，死于一一〇五年，江西分宁（今修水）人。其地有双井，后世举其地望或称他"豫章"，又有"双井"之称。诗文书法与苏轼齐名，故后世每称"苏黄"。他在当时政治上被列为元佑党人，累经贬逐以至于死。

他的真书行书导源于柳公权，一寸以外大字，奔放有势。尤好写草书，从流传的几卷大草书作品看，他是继承了张旭、怀素的流派，在宋代书家中，未见谁能追及他的。

今天所见他的草书长卷有三件，一是书李白《忆旧游》诗，二是《法眼语录》（又称《诸上座帖》），三是这卷《廉颇蔺相如列传》。《忆旧游》卷，大约写得较早，有战掣的笔致，大约参酌了张旭的方法，后两件渐趋平淡，《廉颇蔺相如列传》尤其轻松流畅，大约是看到怀素《自叙帖》后的作品。

他这种大草书独具开拓之致，挥洒自然，所以后世很少有人能够模拟。只有明代祝允明时时学写，但祝氏的大草未免有荒率之感，而黄氏的大草，虽然外表放纵，而内涵纯美，手腕极能控引自如。与张旭、怀素鼎足而立，是毫无愧色的。

这卷草书早已流出海外，现由美国纽约小约翰·克罗福特收藏。日本影印《欧米博物馆藏品》曾全影印一通，现在我们再印这本资料，前附原大墨迹二页，选自清代江西万氏刻本，反映了原件的尺寸，以便读者了解它的本来大小。临写时，心中有一个原本的尺度。后附启功教授所临的一卷，藉可看出一些临写古帖的方法，古帖怎么临，哪些地方可能学到些，哪些地方绝不易学到，或可从此获得一些启发。临写古帖，宜看墨迹，看不到墨迹，只有石刻流传时，也宜参照那位书家其他的墨迹，对比着参考体会，就能举一反三，临写自如。现在这卷《廉颇蔺相如列传》幸有全部墨迹流传，只要拿万氏刻本对照来看，就更会感到石刻拓本缺乏生动的墨彩，墨迹影印本则能显出生动的真实面貌，而黄庭坚的草书特点，也可得到一尘不隔的具体印证。这一点也就是我们要印这套参考丛帖时所希望达到的目的之一。

一九九〇年五月

（此篇及以下五篇，为启功先生应约为本社《书法教学参考丛帖》所写说明，曾以编者名义刊印）

# 颜真卿行书《争座位帖》说明

颜真卿（七○八－七八五），字清臣，唐京兆万年（今西安附近）人。郡望琅琊（今山东临沂），常用自署。官至工部尚书、尚书右丞，封鲁郡公，世称颜鲁公。以晓谕叛臣李希烈被害。

他是唐代著名的大书家。正楷敦厚凝重，却并不失血脉贯通的灵活之美。所写碑版极多，相互间又常见变化。行书遒动流畅，宋代苏轼、黄庭坚、米芾诸书家都极推重他的行书，常称"颜行"。由于行书多用于写信札、起草稿，纸质容易损坏，不如碑版刻石那样耐久。所以今传颜公行书只有三个长卷[①]和一些零星手札。

行书长卷首推《争座位帖》，这帖是给当时仆射郭英乂（古"义"字）的一封信。当时宦官专权，即宰相辅臣也要逢迎他们。有一次在佛寺祈福的法会上，郭英乂安排座位过于尊重宦官鱼朝恩，颜公写信给他，批评他的安排失当，也就是藉以挫折大宦官的气焰。

这篇信稿，随起草、随修改，勾乙涂抹，比较紊乱。寻绎文理，相当费力。但书者在极其愤怒的情绪下，信手写来，几乎并不顾字迹的工拙。用书法的术语说，笔势雄强，行气联贯，在颜行作品中应推第一！

这卷原本墨迹，在北宋时藏于一安姓人家，安家兄弟分家，截成两半卷[②]。有人分别借摹，合刻在一条石上，即是这个刻本。其石今尚在西安碑林。笔锋渐渐拓秃，但还没有硬伤和大的泐损。现在流传的早期拓本号为宋拓的，多经后人用墨描涂，确出早拓而未经描涂的，只见故宫藏一剪装小册，"出"字未泐，"右"字未描[③]。因为石质好、刻手精，即一般明拓本，"出"字虽泐，而其余字口清晰，也与宋拓无大差异。

这里影印的一册，是清代翁同和旧藏，有他的题记，"出"字虽泐。而"右"字未描，点划清晰，夹注细小各字俱不模糊，可供临习，足称善本。

这帖宋代以来，还流传一些钩摹的半卷本。钩摹的技巧，都不如碑林这件石刻本精善。至于和《争座位帖》可称"姊妹篇"的有《祭伯父文》和《祭侄文》两篇草稿。《祭侄文》的原迹今尚幸存，有许多影印本流传，其中的干笔处是石刻所不能表现的。我们可以肯定《争座位帖》的原迹必然也有同类情形，从《祭侄文》墨迹中得以进一步理解和想象此帖的本来面目。附印册后，以供对用笔用墨的参考。我校启功教授虽按文义临写一卷。帖中原来圈涂删改之字，亦俱临出，在删去的字旁多加两点，以示诸字不在正文之中。也附印册尾，供通读帖文的参考。

注①：即《争座位帖》《祭伯父濠州刺史文》《祭侄季明文》。

注②：南宋岳珂《宝真斋法书赞》曾记所收半卷摹本，清代《墨妙轩帖》原刻半卷摹本。四川重庆博物馆有半卷摹本墨迹。

注③：帖有右仆射的"右"字，原稿初写"左"字。后把下半"工"字加左右两框成为"囗"字，不知何时何人误传宋拓本"口"字中无竖点。于是纷纷涂黑以称宋拓，"口"字形成横扁状态，非常可笑。

# 唐李邕书《李思训碑》说明

　　李邕字泰和，曾做过几个州的刺史或太守，不知什么缘故，只以北海郡太守的官衔出了名，世人多称他为"李北海"。在唐代统治集团的派系之争中被打死在狱里。

　　他的书法学王羲之父子，而姿态的跌宕，笔势的峻拔，又有超出王派的地方。他平生写的碑版很多，杜甫诗说他"碑版照四裔"，至今虽有不少失传，但所存的原石还有五件：一是长沙岳麓山的《麓山寺碑》，二是陕西昭陵陪葬的《李思训碑》，三是北京法源寺的《李秀碑》残石，四是广东肇庆的《端州石室记》，五是山东长清灵岩寺的《灵岩寺碑》。这五石中，只有《李思训碑》的字口至今还较清晰，其余多已模糊不见神彩了。

　　《李思训碑》和许多昭陵陪葬的墓碑一样，墓地被农人垦种，拓碑的人常践踏田苗，因此农人便把碑石下半截的字个个锤坏。本是想，这样便可不致有人再拓了，谁知上半截锤者锤不着，拓者却可以搭起架子来拓，于是又流传下来许多上半截拓本。锤者最初只锤靠下部分，愈锤愈往上发展。后世收藏家就得到斗胜的依据：甲一本每行存字多一个，乙一本每行存字少一个，就足以说明甲本拓墨之前，锤者身量还矮、手臂还短，少锤了一个字，所以可证甲本早于乙本。这甲本也就多值多少钱。至于字迹的清晰与否，并不在价值之内。

　　《李思训碑》世传所谓宋拓的流传也有许多本，经过影印的，也不止两三本。大约拓愈早的用墨愈重，字口内时常有墨渍侵入，不言而

192

喻，字迹的原貌必有一定的损伤。这次我们影印的这一本，拓墨适宜，字口没被墨渍浸入，所以字神漂亮，当时的刻工也很精致，笔法的轻重回旋，依稀如见墨迹。是一册可说是临习、欣赏的最佳本。

唐代封为云麾将军的有若干人，李邕写过墓碑的就有两个，一是李秀，一是李思训。所以如果按普通泛称"云麾碑"，便常发生混淆，所以我们这里只称《李思训碑》。

这次附印原碑的篆额，这个碑额的篆书笔力雄劲，有时收笔要放出尖锋，可见书者行笔时的兴会奔放，我们看这位书者虽不知名，但这个篆额实在应列唐碑篆额的最前列！

李邕书碑的特点，是望上去字字连贯映带，极像行书，但每个字每个笔划的结构位置，都有准确的交代，如果删去字中的牵连笔划，便字字都是严格的楷书；如果把没加上牵连笔划的字，按笔顺加上连牵，便通体是一篇行书。临习了这个碑，便可以完全瞭然楷书和行书的关系。这也就是我们常说的：楷书笔势要有映带顾盼的姿式，行书结体要有准确的交代重点。也可以说：楷书应该当做行书去写，行书应该当做楷书去写。临了这个碑，就不难理解这个道理。

我们还附印了清代全碑上半截的整拓本，以见字迹的"行气"。

# 北魏《张猛龙碑》说明

　　此碑北魏正光年立。真书。额署"魏鲁郡太守张府君清颂之碑"。碑石今存曲阜孔庙。拓久字迹渐损，全石尚无恙。碑主张猛龙，字神冏，南阳白水人。曾官鲁郡太守，郡人立碑，颂其清德。碑阴排列立碑捐赀人名，亦汉碑中"门生、故吏"出赀列名之例。

　　此碑书法风格峻丽，结字中心紧密，向外开张，大小各依字形，不求一律方整。可说是整齐中见变化，而变化处又不离统一的格调。在魏碑中最具特色。

　　和此碑风格相似的还有《贾思伯碑》和《杨翚碑》，很可能同出一位书家之手。

　　唐以前的碑版多不署书者姓名，北魏石刻中只见龙门《始平公造象记》的书者署名朱羲章，褒斜《石门铭》的书者署名王远，其他都不见书者姓名。至于云峰山诸处刻石，乃由郑道昭一手题写，以表现自己的书艺。他的署名另当别论。

　　一般习惯不写姓名，并不等于书者的艺术不高明。像此碑的书者在北魏书家中，确属非常高超，比起郑道昭有过之无不及。

　　太碑拓本，拓时愈早，存字愈多，所存字中残损的笔划也有多少之分。因此收藏家多从某字不缺、某笔不损来考证拓本的时间早晚，并依据这些证据评定价值高低。在收藏家多藉此夸耀珍奇，显示富有。但在欣赏书法、临习碑帖的人，对于捶拓的精到和粗率、用墨的浓重与轻淡、字迹的清晰与模糊，就不能不加注意。假使时间虽早，但拓墨狼

194

籍，也毫无用处了。

赵孟頫论《定武兰亭》说同属一石，拓本效果往往不同，因为"纸有厚薄、墨有燥湿"，等等的话，都是代表书法家对碑帖拓本的看法，而收藏家是并不注意这些的。

现在我们影印这一本，以拓工论，可以说恰到好处。笔划明明白白，虽然刀痕很显著，但从肥瘦粗细的位置，可以推测出当时用笔提顿的情形，临习者随着结字聚散的趋势，不难理解用笔轻重的节拍。

碑中多六朝别字，临习可加注意。

# 唐怀素草书《自叙帖》说明

古代文人时常对朋友投赠诗文，当然是奖誉多于箴规的。像怀素擅长狂草，在当时是一种很新颖的艺术创造，所以许多士大夫题诗称赞。怀素就摘录其中夸奖最高的许多诗句，自己用狂草书写成一个长卷。这就是今传的所谓《自叙帖》。

《自叙帖》在北宋时流传有三卷，当然不可能同是原迹，其中一卷最有名，是苏舜钦所藏，最前一张纸，写了六行，纸质有糜烂处，苏舜钦自己补了一段，有苏氏自己的一段题识。今天流传的一卷墨迹，没有苏舜钦题识，却存有许多宋人跋尾。清康熙时为徐乾学所得，后来归入乾隆内府，编入《石渠宝笈》。有许多影印本流传。都说这卷就是苏舜钦所藏的那一卷，卷中却没有苏舜钦题识。为什么知道苏氏曾自己题识？因为文征明在补写苏轼自书《赤壁赋》缺字后有短跋，引了苏舜钦题识的话，说他"极愧糠秕"。可见，苏舜钦的题识明代人确曾见过。

清代嘉庆时，吴门谢希曾得到一卷宋代摹刻的法帖，是康熙时高士奇所藏，正文和今传的墨迹本一样，只有南唐押尾两行和北宋苏耆、李建中二人题识的位置不同。最重要的是有苏舜钦题识，其中说他补的六行字"极愧糠秕"，与文征明所引相合。却没刻上其他宋人跋尾。谢氏把这卷宋刻法帖重摹入他搜集摹刻的《契兰堂帖》丛帖中。

现传的墨迹本是唐宋人所传的苏舜钦藏之外的二本之一，这不可考，也不必管它。但看墨迹的笔法结字与宋刻法帖本毫无两样，苏补的六行也和卷中的大部分笔法一致。可见所说摹补，并非信手录文，而是用另一卷做底本加以摹补的。现在这卷宋刻法帖早已无存，只凭谢氏摹刻留下真影，谢刻今亦成了善本，我们把它影印出来，以供书法爱好者临习欣赏。

此外还有唐宋以后人放手临写的几卷。完整的一卷，刻于《莲池书院法帖》中，又有半卷藏于四川大学，又有半卷归于日本收藏家，曾有影印本。

# 金任询行书韩愈《秋怀诗》说明

一切艺术，都需要基本功夫的训练。学音乐要练习名作的谱子，学武术要练习某些套数。书法一项，无论多么聪明的人，入手也要临习优美的字帖，至少青少年时也要学习规范的写法。学书法到了高层阶段，更需要博观名帖，扩大见识，增加艺术营养了。

北宋时，古代著名法书，绝大多数都集中到了徽宗的宣和内府。只看《宣和书谱》的记载，就不难了解其中名迹之多，惊讶其搜罗之广。北宋覆亡，宣和的藏品，全部被金人掠走。南宋高宗以皇帝的势力收到一些，而大部分只是北宋黄庭坚、米芾的作品。朱熹家有二件苏轼的手札，朱氏还说不知它真假。南宋文人像洪迈、楼钥等名家的字迹，真令人无法恭维。至于范成大、陆游、朱熹等，也只是在一定的规矩范围中任笔去写，看不出借鉴了什么名家流派。张即之只是扩大的唐经生书中精品，足见他们参考物之贫乏。

金代书家的作品流传不多，碑版中以王庭筠为首选，杨邦基也是米派，墨迹中仍以王庭筠略多，其余如赵秉文等也偶有一二件流传，若长篇行草，必推任询为巨擘。

任询，字君谋，号龙岩，易水人，进士，所传有行书大字杜甫《古柏行》石刻，今在西安碑林，还完整无断缺。款署"龙岩"，人多不知，至误称此石为颜真卿书，也可见笔法气势，足以媲美唐贤了。还有一卷行书韩愈的《秋怀诗》，在清代嘉庆、道光时还存在。广东吴荣光《辛丑销夏记》曾著录，南京蔡世崧曾刻入《墨缘堂帖》，此后便无踪迹可寻，大约已毁于太平天国中。其字较《古柏行》略小，而信手挥洒，随宜大小，无不流动自然，可以想见一气呵成的兴致。谛观他的笔迹，实近北宋周越一路，也兼有唐人行书的风度。现在《墨缘堂帖》的拓本也廖若辰星，我们把它影印出来，为书法爱好者提供些不太常见的资料，以助欣赏。

我校启功教授有一册临本，我们也附印册后。他谆嘱我们要替他声明，向读者求教！还附印两页任询题画墨迹，以资参较。

# 《中国美术大全》前言

中华民族的文化，从时间久远来讲，已有四千余年的历史，这是中外人士都已知道的；从覆盖的面积来讲，可有若干千万平方公里的区域，也是中外人士都可看到的；至于从它构成的因素来讲，恐怕细心考察的人士就比较不太多了。

无论研究中华文化史或欣赏由此文化所构成的工艺品、美术品的人，没有不惊叹它的灿烂、丰富，而有应接不暇之感的。如果探讨其原因所在，就会理解到绝不可能仅仅是某一时代、某一地区的某一民族所能独力创造完成的。中国是个多民族的国家，各民族之间，自古随时随处互相习染、互相融合，才有现在所见惊人灿烂而悠久的文化及其创造的艺术成品。世界有不少几千年历史的古国，但从古至今它的历史一直相沿没有中断的，要属中国，这是我们足以自豪的。中国的历史长河中，虽有些小段是某些少数民族当政，但他们都主要以汉字记录历史，都没有割断中华文化相传的正统，所以说中华文化是具有四千余年从未中断的系统，是真正当之无愧的。

几年前，中央宣传部组织众多的文化、文物专家编成《中国美术全集》六十大册以来，读者眼界大开，这六十大册书，起到了现有的任何博物馆及任何文化艺术史的论著都无法取得对人民启发、教育的作用。道理很简单，无论哪个博物馆中收藏、陈列的历史文物都不可能门类俱全，哪部研究叙述这类学问的著作，可以在行文中论到很广的各个方面，却不可能在插图中包罗所有的直观形象。我们都懂得，读千百字说明文字，不如看一眼实物。那么能浏览一遍这些图片，岂不可称"胜读十年书"吗？

现在由于我国的文化教育事业随着经济的发展而不断地有扩充提高的需要，不断地把历代书籍加以搜集、重印，以及从种种角度加以整理传播，得到广大读者的欢迎，取得普及与提高的极大成果；因此美术方面也相应地有扩展、充实的必要。领导上再一次发动组织群策群力在以前六十大本的基础上翻成六倍，成为《中国美术大全》，预计约有 360 大册。这部新编巨著中的艺术品种固然有所增加，而在每一品种中也绝对不只是数量的加多，而更尽力增加具有代表性的和能够说明它在其本品种中历史问题的。这部巨著成书时，我们虽然足以自豪，但也知道它对中国的"美术百科全书"的标准还有一定的距离。因为我们祖国的地大、物博、人多、历史悠久，美术品门类繁多，它是中华文化从既广且久的积累沉淀而成的，岂是现今我们这部分专家学者在这几年时间中所能完全担负起来的使命？敬愿全国、全世界的读者把它看作是我们中华民族文化——特别是美术部分中的一部"目录"书吧！

（此文根据作者草稿辑录）

# 唐写本《论语郑氏注》出版说明

在无产阶级文化大革命期间，我国各省、市、自治区，和以往一样，常有古代文物出土或发现，都得到妥善保管。原已残损的，还加以整理、修复。这次在北京故宫博物院展览出来的是其中的一部分。

这卷唐代写本《论语郑氏注》，即是这些文物中的一件，出土地点是新疆维吾尔自治区吐鲁番。卷中有两处写着抄书人的名款，一是"景龙四年三月一日私学生卜天寿□"，一是"西州、高昌县、宁昌乡、厚风里、义学生、卜天寿年十二、状□"。景龙是唐中宗李显的年号，四年是公元七一〇年。今天这卷《论语》出土的地方，即是唐代西州高昌县境。

唐代的西州，从长安这个政治中心来说，虽然是多民族居住而且较远的地区，但从遗留的文物上来看，当地的政治、文化，都表现了祖国统一的民族大家庭的悠久历史和文化生活。

《论语》是孔子和他的弟子们讲论、问答的记录，在我国古代长期封建社会中，是统治阶级使用的重要教科书之一，它比同为封建统治阶级服务的其它"经书"普及程度要大的多。

解放以后吐鲁番出土的古代书籍中，以《论语》为最多，都是一些残片，字迹风格比唐代还早，而文化大革命期间出土的这一卷，却是比较最完整的。从古书的发现来看，更足以说明当地在古代的文化教育情况，与中原地区是完全一致的，《论语》也是主要的教材。

《论语》的各种版本今天还大量地存留着，并不稀奇。但这种"郑注本"却自唐代以后就失传了。这卷出土以后，加上以前所出的零片和残卷，"郑注本"的重新出现大约可超过一半了，这是它在古代书籍、文献方面的价值。

一种古书，如果得到宋代刻本，已经算是珍本，何况是唐代前期的写本，这是它在文物方面的价值。

卷后有写书人附录的《三台词》和五言诗，是古代民间文学的资料。

最后有抄书人的籍贯、履历，是古代历史、地理方面的资料。

书法虽不算很好，但出自一个十二岁的小学生，也可以看到唐代人书法水平的一个基点。十二岁写的已经能到这样的程度，唐代书法艺术所以那么发达，正是由于这方面教养的效果，这又是艺术史上的价值。

我国的古代文物，在解放前被帝国主义者盗走的已经不计其数了。即以《论语郑氏注》一书来说，在清末即有三件：日本大谷光瑞偷的《子路》篇九行；英国斯坦因偷的《八佾》篇二十一行；法国伯希和偷的《述而、泰伯、子罕、乡党》四篇。其中以伯希和所偷的最长，卷尾还有"韵纪二年（公元八八九）二月敦煌县……"的款识，但比我们新出土的这卷晚一百七十八年。现在我们在伟大领袖毛主席和中国共产党的领导下，自立于世界民族之林，有力量保护、保存自己的历史文物不受盗窃损失，并把它影印流传，公之于世界，我们是感觉非常自豪的。

现在略为介绍一些关于《论语郑氏注》的问题和这卷的特点：

卷中每篇题目下边都写着"孔氏本、郑氏注"。先谈什么叫"孔氏本"。按《论语》传到了汉代，有三个系统的本子：在鲁地流行传授的本子叫作"鲁论"，分为二十篇，篇名和各篇的次序与现在的通行本一样；在齐地流行传授的本子叫作"齐论"，分为二十二篇（多《问王（玉）》《知道》两篇），不但篇名、次序有不同，即字、句也有许多不同处；在孔子旧宅墙壁中发现的一个古文写本，由孔子的后人孔安国作了"训传"（即注解），叫作"古论"，篇名和次序基本上和"鲁论"相同，只是把第二十篇分作两篇，成为二十一篇（分出最末《尧曰》篇的后半另为一篇，题为《子张问》）。

汉成帝（刘骜）时安昌侯张禹用"鲁论"为底本，参校"齐论"，吸取了一些较好的字句，删弃他以为不足取的篇章，编成了汉代第一个合校本，人称为"张侯论"。郑玄以前最流行的即是这个本子。

到了汉末，高密人郑玄，字康成，又用"张侯论"这个合校本为底本，参校"古论"，编成汉代第二个合校本。郑玄又在这个校本上加上自己的注解，便是这种"郑注本"。

郑玄校本为什么题称"孔氏本"？不难理解，由于郑玄认为孔氏所传的"古论"最标准，所以他的校本上许多字是改从"古论"的，据记载有五十处。敦煌那个残卷中有一条注中说："鲁读弁为□，今从古。"又一条注中说："鲁读沽之哉不重，今从古也。"即是郑玄校改的例子。他这个校本虽然并不是纯粹的"古论"原样，但字句依从"古论"，可以譬如一个按宋刻本校过的新刻本书籍，从字句内容说它是"宋本"并无不可，"郑注本"上题为"孔氏本"，应该即是这样缘故。

为什么写"郑氏注"，而不写"郑玄注"？按古代学生为了表示尊师，不敢直写师名，所以郑玄的弟子传习他这个注本，只写"郑氏注"。传到后世，还相沿未改。

汉代以后，魏代人何晏等作了一本《论语集解》，杂取汉代各家的注解，加上他们自己的意见。在序中提到汉代《论语》流行情况，里边有一个矛盾问题。序中说："'古论'唯博士孔安国为之训解，而世不传。"但书中所引的古注却有若干条"孔注"，清代就有人怀疑各条"孔注"是假的。但是所谓"不传"究竟是"不存在"还是"不流行"？"孔注"究竟是真还是伪？我们都不去纠缠，"郑注"既校对了"古论"，那么至少郑玄是见过孔家"古论"的。

古代书籍只凭传抄，字句随时有增减歧互的可能。何况这卷写本，是出于一个十二岁的小学生的手笔，

错误和遗漏更是不免的，但它总算保存了"郑注本"的面目。

错字方面，例如："问"作"敏"，"周"作"卅"，"美"作"未"，

"臣"作"辰","得"作"德","德"又作"得","使"作"史","矣"作"意","事"作"土","闻"作"文","下"作"夏","夏"又作"下"等，是声近而误的。"孰"作"熟","予"作"吊","竈"作"竈"，又讹作"電","造"作"告"等，是形近而误的。"忠"作"中"，"刑"作"形"等，是声、形都近而误的。至于"人"作"仁"，"知"作"智"等，虽是古字相通，但也未必没有笔误的因素。还有"旅"作"榝"，"貌"作"狠"，"颠"作"顚"等，都是古代通行的别体字。

此外，"民"作"人"，"世"作"廿"，"颜渊"作"颜回"，则是唐人避讳的改字。在卷后列注五个篇名中"里仁"，写成"治仁"。唐人讳"治"，用"理"字代替，此处又误写"里"为"治"，可见逊讳代字在小学生头脑中引起的混乱。

至于异文，最显著的是"八佾"作"八胤"，共有四处，可见不是写者偶误。旧注、古本从来未见"胤"字异文，这是第一次发现。"公冶长"作"公冶苌"，古书中曾见。"哀公问社"作"哀公问主"，注："主，田主，谓社。"按"社"是"田地神"，"主"是祭祀时代表神的木主。如果说"社"，就谈不到用什么木材；木主才有松、柏、栗的问题，作"主"是合乎逻辑的。还有"无适无莫"作"（无）适无慕"，注："无所贪慕也"。"无所取材"，作"无所取材之"，注中"材"下也有"之"字，可见是作"裁之"讲的。"不知所以裁之"作"吾不智（知）所裁之"，"与朋友共，敝之而无憾"作"与朋友弊之而无憾"。这类和今本不同处，曾零碎地散见古书或旧注的引文，今天看到这卷，原来它们都原原本本地存于这卷"郑注本"中。

至于"（赐也何敢）望回□□一以知贰"，"或乞诸其邻而与之"，"一"上、"或"下都少了一句，这类却是明显的脱漏。

以上所谈的误字、异文和脱漏，都只是举例。详细考校，不是本篇所能容纳的。

卷后余纸上抄者附写了《十二月三台词》，下注"新"，正月一首是六言八句，可惜只写到二月两句就不写了。按《三台词》是晋代以来流行的乐曲。今传唐人韦应物、王建的歌词，都是并无联贯关系的一些六言或五言绝句。这里一首八句十二月联章的《三台词》，也是第一次发现。从前敦煌所出被斯坦因偷去的有《十二月相思》篇，是七言句式，没标曲调名；伯希和偷去的有一杂记残卷，其中一段"曲录"的罗列"正月孟春犹寒"至"十二月季冬盛寒"，但每月只提出起首一句。现在这卷的发现，使得这种古代曲词的形式得到新的证据。

再后是些五言诗，眉上多注"五言"二字，可惜错别字太多，但这却给关于"俗字"、方音的研究上提供了绝好的资料。

卷末还有小楷书《千字文》一行。按《千字文》是自梁至清末一千四百多年来的童蒙读物，比《论语》还要普及。王羲之的后裔、陈代山阴僧人智永，曾写了八百本，成为流行的习字范本。敦煌曾出残卷，也是临写智永本的。这里卷末一行，像是在"默写"，又像是在"习字"，虽然也有误笔，但笔意上多少还带有智永一派的风格。一种书法样式，竟自从浙东西过沙州，直到西州，这又足以反映唐代文化教育的统一，在祖国的东部和西部，是并没什么两样的！

（此文根据作者草稿辑录）

# 《荣宝斋启功画谱》序

功幼慕丹青，尝思他日成年，能为画家，宁不有足以怡然自乐者乎！十余岁受业于宛平贾羲民先生讳尔鲁，笔墨之道，始获发蒙。先生又每率游博物馆及观时贤画展，于古代书画之真伪、时世流派之精粗，深承淳淳剖析。至今谬膺略能鉴别之誉，皆羲民先生之教泽也。先生并荐之于山阴吴镜汀先生讳熙曾，承教导临习宋人明人长卷数本，笔亦微有寸进。而惰习深固，迄以无成。世乱时，薪水瘠薄，不足糊口。乃于教读之暇，以劣笔乞米。流传较广，今每寓目，徒增汗颜。其后教学既号专业，禁绝旁鹜，乃束画笔而焚之。近十余年，体力渐衰，不复能登讲席。友朋又复索画，乃以校字余碌，涂抹兰竹，只成自欺欺人而已。荣宝斋出版部孙公树梅，不弃鄙拙，收罗汇印成册。携以见示，为之额沚涔涔。命加自序，岂敢更襮其短。惟嘉友盛谊，不可不记也！

公元一九九三年三月，启功时年八十

207

# 《中国毛笔》序

古人有一句名言，是"善书者不择笔"。这句话的本意是说明会写字的人，或写得好的人，不管拿到什么样的笔，都能巧妙地驾驭它，把字写好。这是不难理解的。也有些不太正常的例子：如一位善书者遇到一管用秃了的笔，他完全可用它写那种圆而粗壮的笔划；遇到一管笔毛散开了的笔，他又可以用它来写多带飞白笔划的字。这类"顺水推舟"、"废物利用"的书法作品，虽是并不正常的创作方法，甚至是万不得已的例外办法，有时反倒能出现特别的趣味，但这都是对功夫深、办法多、经验丰富的书家而言的。至于对普通的、一般的、乃至初学者而言，用笔有选择，并不能算是不合规格的要求。

有人喜用硬笔，有些青年人，自幼年上学时即用铅笔、钢笔、圆珠笔，已经写得很有一种成效了，于是就用硬笔来写作为艺术品的书法作品，也都能自成体势、精彩焕发。我又见过许多老年人在中年时已写得一手好毛笔字，到了晚年，却爱使用硬笔，不但写文稿时用，即使写书信、写题词时，也常用硬笔，写出来居然一样美观，和他们用毛笔所写的那种艺术特点，除了笔道细些之外，竟没有多大差别，只是并不占多数罢了。

我个人这些年来，写字的工作较多，虽然不够"专业人员"，但是书法活动，却占去了我日常生活中一大部份时间。每天写字虽然不少，实际写出来我自己扪心自问，感到满意的或比较满意的并不很多。尤其最怕在任何地方看到我的字被挂在墙上，那种滋味，别人是无法领会的。只听到旁人在我耳边说话，当然一般是夸奖之词了，直接反驳吧，不礼貌；自言缺点吧，人家说是假谦虚；用手扯下吧，物主不允许；挂在房檐下的扁，即想扯下，也上不去啊！一切甜酸苦辣，真是"苦诉无门"。这都完全足以证明我是一个不善书的人，那么我写字爱择笔须要择笔，乃至只会用某厂家、某制笔师傅所做的笔，是毫不足怪的事吧！

我在二十岁以前，也曾用过什么贺莲青、胡开文、邵芝岩等等名牌的紫毫笔，可惜的是那么好的笔，到了我手里，都成了破坏艺术的专用工具。老师和家长都骂我是个"败家子"，把那些值钱的产品，全都糟踏了。年再长些，略知应该练好写字，也只是写一些较小的字，最大的不过一寸来大的字。四十多岁后，由于工作的需要，也写起大字来，那便是抄写"大字报"。这时才领略了把大字写得较好，再写小字，就像能举十斤重量后再举五斤以下东西那么"轻而易举"，也才知道好用的笔和不好用的笔区别何在？从这以后，我才觉得民间传统的"土做法"保留了多少的"古法"，"礼失而求诸野"这句古语含义是多么重大。

我有一次得到一位河北衡水的朋友文物鉴定家李孟东先生赠给我几枝衡水农村的制笔师傅在农闲时所做的笔，原来卖价只是七分钱一枝，写字使用后觉得那种能大能小、能粗能细的效用，真是一次无比的艺术享受。于是一次买了二百枝，过了些时用完了，又买、又买，终于这个笔厂做法提高了，笔杆上刻的花纹丰富了，重量也沉甸甸地了，不那么买得起了。正好这时认识了山东掖县的制笔师傅李兆志先生，我们倾心吐胆地谈起古代制笔的情况，我们还共同研究了居延出土的汉代笔，日本保存的大半笔、延禧笔等品种的模型，又参考了日本所传的古笔制造方法的谱式，还在每次交谈时表达了我所希望制笔时在某部位上怎样加工。李先生回去即按我的建议试制，结果一次比一次的效果提高。从此我再也不为买不着我所会用的笔而发愁了。

我个人对于毛笔制法的意见，也可能是偏见，姑且在这里略说一说：古代常说"长锋"，这个"锋"，不是指的全部笔毫，而是指的笔头部分中最前的尖锋，笔如没有尖，便写不出笔划中最细的部分，锋如长了，才能写出飘洒的姿态。笔锋既然尖了，就要有"副毫"帮助它，围在主锋的旁边，加强主锋的力量，这叫做"衬"。有些人误解那个"锋"字，以为全部笔毛就叫做锋，于是把笔毛选的极长，从根到尖一样的细而长，好像一条没有搓过的绳子，这种绳子式的笔毫，愈来愈细，愈来愈长。杆子的做法，愈来愈好看，分量愈来愈沉重。这并不是那一处笔厂的做法，而是一种流行式样。我在这类流行的"时装笔"面前，真是一筹莫展。用吧，不会用；买吧，贵且不言，买来怎么使呢？

幸亏兆志笔庄的老板李兆志先生隔不长时间就给我寄来些枝我所会用的笔，解救我没有会用的笔的饥渴之情，这种恩谊，是我每一提笔时都忘不了的。

李兆志先生近年把积累的制笔经验，写成专书，以告后学的人，这不但是制笔艺术上一件大事，更是我个人的一件大喜事。因为李先生的制笔方法有了传人，他那种制法的毛笔，也得到传播，我所会用、能用、爱用的毛笔，也可以得到更广泛的生产制造，岂不是我个人写字工作上的一个佳音？所以连夜写了这篇表达我个人感谢的小稿，附在他的稿中，敬告用毛笔的书家，这是一部有好笔使用的佳音，同时敬告初学制笔的青年工人，这是一部很有借鉴价值的专著。

一九九三年冬日

# 《唐宋词选读百首》读后记

　　泗州杨敏如教授，出生于书香门第，毕业于第一流的高级学府，受学于当时极负重望的几位学者，执教于京津几所大学。对于中国古典诗文词曲有深湛的研究和丰富的心得。

　　近 40 余年，她在北京师范大学中文系专讲唐宋词，受到同仁的钦佩和学生的敬仰。我以同系执教的机缘，对杨教授有较多的过从，于她的学术成就不能不说有较深的认识。为什么这句话上冠以"不能不说"四字，因为横向的是同校、同系、同教研组、同教一类内容的功课；纵向的是时历 40 余年，怎能说所知还浅呢？但在学术上，无论是谁，都有个人的造诣，都有独得之处。尤其在文学艺术方面，每个人的理解、心得，常常是旁人不可能一一都有"共识"的；至于创作，更是每个人的"神来之笔"，无论哪位诗人的某篇、某句，也无论哪篇哪句的工拙高下，都不是第二个人所能代替作出的。所以我听杨先生讲词，常有自怨自艾时，是想"这句解释，我怎么没想起来呢？"这种感觉，恐怕绝对不止我一个人曾有过。杨先生平时讲课在北师大，听者还可以说有个范围，这本百首讲稿，却是在电视讲座上所讲的，听者的广泛，已非北师大一校一系的师生，这些录像的磁带、光盘传播更广，印成专书，又增加了若干倍的读者，我敢保，在若干位听者、读者中，也同样发出这样感叹的绝对不止少数人了！

　　"同行"的人谈话有一句谚语说："三句话不离本行"，我和杨先生也常谈起词的问题，从前人常把词分为婉约、豪放二派，也曾有人认为哪派是词的正宗，因而争论不休。一次我读苏东坡词集，发现他的词中两派作品全有。他在歌筵舞席之间所作的当然多是柔情蜜意的，也就是属于婉约派的；而登高吊古之时所作，便都是豪放一派的。因此再读辛稼轩这第二位豪放派祖师的词集，也有同样的情况。回头再看"能逐弦吹为侧艳之词"的温飞卿和身后每岁清明必受到歌伎们祭吊的柳耆卿，他们的作品有一个共同的用途，就是供歌女们上厅演唱的。试想唐宋歌女在酒席之间，忽然用京剧花脸腔调唱起"力拔山兮气盖世"来，那时的情况，不是"不可想象"而是可以肯定是"天下大乱"了。我这个"谬论"，曾向杨先生谈过，承她告诉我，吴世昌先生已有此论。我自惜前些年没能多向吴先生请教，又自幸此论不谬于前贤所见。如今吴先生的遗作已陆续出版，这个问题不久即可详读吴先生的大著。杨先生命我也写在这个"读后记"中，以见朋友间谈艺之乐，但我又深惜吴先生已不及参预了！

至于"序言"或"读后记"的名称问题，有人以为"序言"如今都是写在书前的，"读后记"顾名思义当然都是写在书后的，为什么分明是"序言"的性质，偏要写上"读后记"的题目？我的回答是：如果没有读原稿即写"序言"，那只能说是瞎说乱道；如果读了原稿才写的，那不算"读后记"又算什么？我非神仙，并无"未卜先知"之术，当然不可能写"读前记"或"预知记"。至于在出版的书中把它放在什么地方，那就属于责任编辑先生的事了。

启功

一九九七年八月

# 《木雁斋书画鉴赏笔记》序

现代科学技术发达，对于古代文物的鉴定上，起了多方面的帮助。但距离全面地精确地判断每一件文物各个方面的问题还是有所未足。这是从事考古的专家都无异议，而又热切盼望多有进步，以便在鉴定工作上有更多精确判断条件的。

在二十世纪以前，文物考古工作中还很少有科学技术的新帮助，更不用说考古鉴定范围中的书画鉴定方面工作了。我们都了解，古器中如铜器、瓷器之类，总是手工制坯，炉窑烧制，一次生产。除特殊制品外，可能不止一二件，所以可供比较研究的条件较多。制作材料又常有地区特点，因而在鉴定工作上常具有较多的辅助条件，但在古书画上却有极大的不同。

古书画的制成，纯粹出自手制，师徒相传有"粉本"（稿子），自唐末以后有了刻版图画，后来另成一个系统。纯出专门画家手绘的作品，现存有姓氏可考的，上溯可到唐末五代（现存晋顾恺之一件，添名款；唐阎立本一件，传说；唐周昉、张萱三件，摹本）。北宋以后，名家愈多，流派愈繁。文人游戏笔墨，逐渐提高，与专业画家分庭抗礼。继则专业者及业余者又交叉发展，头绪纷繁，给予鉴别上留下很多的麻烦，加上纸绢绘画成了高雅赏玩之物，鉴赏家随手题跋，又给后世鉴定工作带来许多研究的头绪。至于书法作品，由于它代表写者的个性，又不像绘画上具有许多层的笔迹，自应比古画的鉴别较为容易，但历代写件中，有亲笔的又有代笔的、眷录的、伪造的、误认的，种种纠纷，都足

213

给鉴别工作者增加困难。

在辅助技术不足，作品上足为依据的头绪又极纷繁的情况下，鉴定古书画的工作，就需要至少五个方面的素养：

一、具有广博的历史文化常识；

二、了解书画作品的情况（包括伪品）；

三、各代书风、画派的了解；

四、熟悉各代收藏记录和利用这类材料；

五、虚心承认今天还有未能解决的问题。

这是正面的基础。还有不受负面习惯的干扰的一方面，也很重要。那些负面的干扰，主要也有五项：

一、迷信俗传的口诀，接受误传的观点；

二、对古代评论文章中的一些抽象的形容，随便加以曲解；

三、过于相信著录书；

四、陷入某一流派的标准，或自己有所偏好；

五、护短，不承认已往的失误。

人无一切都完美的，在知识和学问上更不可能那么全面，我自青年时曾见到许多位老辈，听到他们在书画方面的议论，当然也包含对古代书画真伪评价。有些个论点在我后半生的实践中证明是正确无误的，当然也不是没有个别近似以上所列负面论点的。我从十四岁从师学画，到今八十五周岁，这大半生中，所接触这方面的学者中，最令我"心藏不忘"的要推张珩先生了。

张珩先生字葱玉，公元一九一四年生于吴兴乌程世代读书之家。祖辈富饶，于文化事业建树甚大。先生于家塾中学古今文史及外国语文，有同时著名大学一些高材青年所不及的，由于祖庭陶冶，师友熏习，早年即酷好书画，加之有力购求，并多资宾客讨论，年初逾冠，即卓然具有异于常流的见解。古代人论史学家须具有才、学、识三长。今天谈到古书画鉴赏的学问，我认为三长之外还须添上半个字，即才字之外，还须有财。在那三四十年代，博物馆既未普及，印刷术又未发达，一般学子研习，困难固然明显，有力人家虽能购求古迹来观摩，但伪本充斥，有力而经验未足的人，也不敢轻于购取。张先生在有财力的家庭中，自己又夙具颖异的天才，接触的师友又多是当时饱学之士，所以他所具有的成就，绝非偶然而得的。及年龄增长而心更谦虚，朋友讨论，视为平生至乐。他自署书斋名为木雁斋，乃据《庄子》所记樗散大木，因不够建筑木材而被大匠所弃，得以保全；不鸣的雁，先被宰食，又因不材而先失性命。这个斋号即自谦在材不材之间，可见他从未以甚么成就骄人。

四十年代末，五十年代初，家资尽散，先生所藏古书画也都脱手了。郑振铎先生以其中古画部分的照片，印成《韫辉斋所藏唐宋以来名画集》（古法书部分郑先生未印），现在那些件真迹分藏在国内外各博物馆中，在美国几个大博物馆中所收古法书更多，从这些古书画的可靠性来看，足证当时鉴赏眼力之高，其中也有些冷僻的古名家作品，又足证学识之博。

不久作文化部文物局长的郑振铎先生把张先生约到北京，任他为文物局的文物处副处长，主管鉴定收集失散的书画文物。那时东北流散的故宫书画，泛滥在市面上，文物局也就大量收集。即在这项收集时，鉴定工作自然是首先要严格进行的。文物局长郑振铎先生、副局长王冶秋先生和张珩先生，并招集了几位参加这项工作的人。开始时有上海的谢稚柳先生、杭州的朱家济先生、北京的启功。经常在北海前门的团城上，也就是当时文物局所在地，摊开所要鉴定的古书画，仔细研究商讨。这项工作结束时，我看到一位瘦高身量穿着蓝布制服的人进门，问起在座的先生，才知道是从上海来的徐邦达先生，后来这项临时鉴定的工作结束了，谢、朱和我都各回岗位，徐先生即留在文物局参加工作了。

这次大家都是初次接触散在东北的故宫著名书画，其中只有几件以前延光室出版过影印本的，看到曾见到影印本的原迹都不免有所赞叹欣赏，而张先生却一直冷静地指出其可疑之点：如倪云林的狮子林图、梁楷的右军题扇图等，终于确定这是临摹本而非原件。我们由此不但对张先生的学和识更加佩服外，又见他在不为古书画大名头所震慑，坚持冷静地客观地分析研究的一贯态度，才明白所以《韫辉斋所藏唐宋以来名画集》中那些件名画无一伪品的缘故了。

大约到了五十年代后期，时势有所不同，文物工作也比较冷淡了许多，张先生也较有暇时整理平生所见古书画记录。首先是凭记忆列出所见书画名迹的目录。时间陆续地进入六十年代，这时正值三年"自然灾害"期间，日常饮食、用物，甚至纸张都不甚易得，张先生的记录工作已进入详记正文的阶段。这时只能得到有格横写的稿纸，他便把横行稿纸做竖行来写。用高士奇《江村销夏录》的体例，包括尺寸、内容、印鉴等等，一律详细记录。这种记录的要求效果是使原件出现十分清晰的原貌，在今天科学技术发展的程度下，较易做到，但在当时，尤其是物质条件极端缺乏的时期，文物资料借阅流通已多不易，国外出版物借阅更属困难。张先生据手边的资料和脑中的记忆进行这份记录。我们知道张先生这些记录，最初只是排列目录，进一步是记录内容，然后是考订作者，最后是分别逐件加以评论。这种庞大的计划，我当时亲自听他谈过而且曾经参加讨论的，不意稿本未及一半时，他猝然病逝，使我们今天翻开故友的手泽，该有何等的痛心，想像将来的广大读者也会同情惋惜而深叹的，转念张先生以重病猝逝于一九六三年夏，三年后无情的浩劫即到，张先生已经先去，又未尝不算幸运了！

张夫人顾湄女士保存这份遗稿，时时怕有散失的危险，又亲手重抄了一份，以防损失残缺。文物局的谢辰生先生关怀此稿，已历多年，今年始以文物基金款项交文物出版社苏士澍先生经手付印。总算可以告慰这位文物界的先河和他的生存亲属和朋友了！张先生当时与我的住处同在一个短巷的两端，几乎可算朝夕得见，他逝世后，我有一对挽联，录在这里以志无尽的悼念：

> 投分推诚，久弥敬笃，最痛心，一旦摧颓，百年何赎；
> 高才博学，日益精勤，堪屈指，千秋赏会，四海无双！

启功 一九九八年三月十四日

# 吴镜汀先生画集跋

吴镜汀先生讳熙曾，书斋额署"灵志阁"，原籍浙江山阴。先世经营药材，居京师已历数世。先生自幼嗜画，出于天赋。从吴兴金巩伯先生（绍城）学，临摹宋元名作，备得笔墨窍要。于王石谷画法尤有天然契合，下笔即得酷肖。尝胃临古画至少须三遍，始能识其笔趣。曾见先生临王叔明青卞隐居图影印本，至十余遍，其刻苦工夫，为后学所不尽知。

中年获识淳安邵次公先生（瑞彭），闻填词之法。归而一夕填菩萨蛮二十余首，翌日邵先生见之，惊为奇才。其后兼作小诗，并极精美铿锵，惜身后诸稿俱散，今人但知先生擅画，罕知其韵语之妙。

先生指导后学，口讲指画，谆谆然无所吝惜，见弟子艺有近益，先生莫不喜形于色，而指授愈详，于此足觇先生品学，卓然师表而无愧焉。

先生生于清光绪癸卯（一九〇三），卒于一九七六年，年七十三岁。

受业启功敬识

# 《二玄社复制台北故宫书画展》观后感言

"观后感言"，这样题目太旧了吧？不然，字字落实，都有意义。因为我看了这个展览（按，指"中国台北故宫博物院珍藏书画复制品展览"），真是"百感交集"！

我现在说的感，则是比较复杂多样，有悲有喜，有谢有盼。不避罗列条文之嫌，分别说说我之所感，呈给尊敬的读者，看看与我有几条"同感"，或还有什么"新感"。

一、感旧："感旧"在古代诗集中是个常见的题目，多半是追忆旧游，感怀往事。今天我在展览会场上首先鲜明浮现在脑中的，是五十多年前一幕幕的情景。

那时的故宫博物院曾在院内开放好几个陈列书画的展览室，除了钟粹宫有些玻璃陈列柜外，其他展览室有的就把画幅直接挂在墙上，卷册摊在桌案上。有些卷册盖上一层玻璃，有的连玻璃也没有。后来才逐渐只在钟粹宫中展览书画。

当时每张门票是"大洋"一元，但在每月初的一、二、三号，减收为三角。这在我这穷学生不但是异常优惠，此外还有极大好处。每月月初时展品必更换几件，撤去已展多时的，换上还未展过的。这三天内不但可省七角钱，还能看到新东西。重要名作展出的时间较长，往往不轻易撤换，像这次最引人注目的范宽的《溪山行旅图》、郭熙的《早春图》，当时是每次总能看到的。

我现在也忝在"鉴定家"行列中，算一名小卒，姑不论我的眼力、学识够上多少分，即使在及格限下，也是来之不易的。这应该归功于当时经常的陈列和每月的更换，更难得的是我的许多师长和前辈们的品评议论。有时师友约定同去参观，有时在场临时相遇，我们这些年青的后学，总是成群结队地追随在老辈之后。最得益处是听他们对某件书画的评论，有时他们发生不同的意见，互相辩驳，这对我们是异常难得的宝贵机会，可以从中得知许多千金难买的学问。如果还有自己不能理解的问题，或几位的论点有矛盾处，不得已，找片刻的空闲，向老辈问一下。得到的答案即使是淡淡的一句，例如说"甲某处是，乙某处非"，在我脑中至今往往还起着"无等等咒"的作用。

回想当年我在钟粹宫一同参观的老辈已无一存，同学同好，至多只剩两三人。我曾直接受到的教导和从旁得到的见闻，今天在我身上已成了一担分量很重的责任，我应当把它交给后来者，但是又"谈何容易"呢！

二、感谢：我首先感谢的是各项伟大科学技术的发明，若没有现代先进的摄影、印刷各种技术，也就不会有这些"下真迹一等"、逼真活现的复制品。从文物"价格"上来看，复制品究竟不是原迹，但从它们的艺术效果上来讲，应该说是"与真迹平等"的。我也曾见到过西洋的复制技术，例如所印的油画、水彩画作品，使我不但感觉那幅画的内容现于眼前，并且对那件名作的各个组成部分无论用的什么油色、什么水彩、什么布、什么纸，都可一目了然。更妙的是觉得那件作品，可以摸着触手，擎着费力，其实还只是薄薄的一张纸，这样的印刷技术不为不高了吧，但未见印刷中国古代书画有什么杰出的成品。

今天我所见到的日本所做的复制品，从卷册装帧的设计，到书画印刷效果的要求，都做得恰到好处，或说"搔着痒处"。不奇怪，文化传统以及对艺术的爱好标准和趣味，我们两个民族之间确实具有极其珍贵的共同基础。在这个基础上所做出的成果之优，自是不言而喻的。相反，违反了它，效果也是不言可知的。

高明的印刷技术还能提高现在文物上所存的效果，例如王羲之的

《快雪时晴帖》，年代太久了，纸色十分昏暗，已成了酱油颜色，在展览柜中我从来没看清过"时晴"二字，曾猜想快雪堂帖钩摹刻石时大概是"以意为之"的，现在从印本上才看清了它的笔画。又如范宽画的右下部分树林楼阁，我也从来没看清楚过。记得古人记载说范画屋宇笔力凝重，可称"铁屋"，我却说这部分是"铁板"一块，黑黑地分辨不清。现在我站在复制品前，欣然自觉和宋代人所见一样了。除了要化验纸质、绢丝等无法解决外，其它部分中即使细微差别，无不可以使人"豁然心胸"的。因此，从利用价值上讲，它的方便处，已足称"上真迹一等"（乃至若干倍）了！

二玄社把这么些中国古书画加以复制，使它们化身千万，二玄社的同仁付出的辛劳，怎能不令人由衷地感谢！日本中华书店、中国国际图书贸易总公司和北京故宫博物院的协作，在故宫绘画馆中展出这些复制品，给广大艺术文物爱好者极大的眼福，又怎能不令人由衷地感谢呢！

三、感想：好端端的一块陆地，因有一条洼陷处，无情的海水，乘低流过，使得这海峡两岸的家人父子夫妇兄弟互不相聚，已若干年了。我们祖先的光辉文化，最集中、最突出的标志，莫过于历代文物。这些年来，在中原各省新出土的几乎近于"算数譬喻所不能及"了，以古书画论，也发现了五十年前从来没人见过的许多"重宝"。

现在二玄社已把海峡彼岸的部分古书画精品复制出来，饱了此岸人的眼福，大家看了这次展览之后，彼此交谈，表现的心情，不约而同地想到如何把我们此岸的精品，也给彼岸的同胞、同好们看看。我们都从童年过来的，回忆童时得到一件好玩具，总想给小朋友看，互相比较、夸耀，中心目的，还是共赏。小孩如此，我们今天虽早成了"大孩""老孩"，可以说，我们还是童心尚在、天真未泯的。我设想一旦大大小小的天真孩童相见，心中的酸甜苦辣，谁能不抱头倾诉呢？互有的玩具，共同拿出来比较夸耀一番，岂不是弥天之乐吗？

我个人也可算文物界的一个"成员"，我敢于代表，也确有把握地代表此岸有童心的大小老少诸童们"发愿"，"愿文"一大篇，这里只先说最小的一项：我们愿虚心学习先进的印刷技术；向日本二玄社引进先进的技术，或合作复制此岸的古书画精品，尽快给彼岸的骨肉们瞧；进一步创造条件，使两岸的原迹有并肩展出的机会；再进一步，使两岸骨肉有并肩观看展品的机会。这些机会，有！我相信有。我还相信这机会实现时，大家的眼睛一定都已看不见展品，而是被眼泪迷住了。

# 《中国国家图书馆碑帖精华》序

中国书法艺术源远流长，历史上曾经产生过许多名家和名作。由于年代久远加上天灾人祸的原因，宋代以前的名家真迹大多都已毁灭，留存至今的堪称凤毛麟角，于是那些本来是为了传史记事或歌功颂德而制作的碑铭，便因保存了前人的字迹而成为后世学习、研究古代书法的重要依据，后人习惯上把历代的碑版、墓志、摩崖、造像记等石刻统称为"碑"；从宋代开始，人们为了复制、传播书法作品，将名家书迹汇集、编排并摹刻在木板或石板上，称为"法帖"，多卷的称为"丛帖"。

为了满足人们学习书法的需要，前代名家的书迹常常被复制流传。古代复制书法作品的方法主要有两种：一种是用专门的蜡纸罩在原迹上面双钩填墨，得到的复制品称为"摹本"。这种方法虽然能够忠实真切的保存原作的面貌乃至细节，但工序繁琐而且技术要求高，因而难以普通推广。另一种方法则是将刻在石碑或帖版上的字迹用特殊的技巧捶搨到纸上，所得到的复制品称为"搨本"。在摄影印刷技术出现以前，通过捶搨而获得碑搨本一直是复制传播书法作品最常用的方式。

宋代以来，碑帖搨本作为学习书法的范本和研究金石学的资料，逐渐受到人们普遍的喜好。到了清代，一方面，在翁方纲、赵之谦等学者的带动下，金石学非常兴盛；另一方面，由于包世臣、康有为等人的倡导，书法界形成了推崇和学习碑刻的风气，专门著录、研究碑帖的著作不断问世，社会上对碑帖搨本的需求及重视都达到了前所未有的程度。但此时古代碑刻与丛帖原版大都已经残损散失，于是许多学者或书法家便到处搜访、传搨古碑。而旧有的搨本也越来越显珍贵，在供人学习、研究的同时，更成为重要的收藏欣赏对象。在这一过程中，一批名碑名帖的宋搨、初搨、精搨、孤本脱颖而出，名声大著，价值可与名家法书绘画不相上下。

中国国家图书馆经历了从清末创建的京师图书馆到北平图书馆、北京图书馆，再到国家图书馆的发展过程，在近一百年的时间里，以明清皇家收藏为基础，又陆续搜集和接受了许多私家藏品，珍奇汇聚，蔚为大观。在国家图书馆的古籍收藏中。金石搨本是很重要的一项，这次从中选择精华影印出版，实在是很有意义的好事情。

首先，这批搨本都是名碑名帖，其中不乏宋搨、初搨、善本、孤本，更有一些是首次面世。将这些珍品公之于众，使其被更多的人所认识和利用，这些搨本的历史价值与艺术价值都得到了发挥。其次，这些搨本上几乎都有前代收藏家、研究者或书法家的题跋文字，或记述递藏源流，或辨析优劣高下，或品评风格特点，内容丰富而且难得。这次将题跋墨迹与碑帖搨本一同印出，不仅能够使书法家和爱好者更全面、更细致地理解学习，同时也为文物研究者、鉴赏家和书法史的研究者提供了宝贵的资料。因此，不论是对国家图书馆还是对广大读者来说，本书的出版都堪称是一项功德无量之善举。

启功

二〇〇一年十月

# 《汉字古今谈》前言

这是我的两篇旧作，学友黄琪女士携去请她的好友译成英文，并与汉文原本合为一册。刊于她所编的《银杏丛书》，以向东、西方学者请教。

两篇中前一种《古代字体论稿》是考究古代汉字名称和它们的字形的图集。例如汉代那种蚕头燕尾笔划的字称为"隶"，唐代又称真书为"隶"，这类名、实混淆，造成许多纷歧。担作这篇《论稿》就是分辨这类纷歧问题的。

八十年代之后爱好和研究书法的人越来越多，我应香港出版的一种杂志《书谱》的约稿，写了一篇题为《笔顺、结字、及琐谈五则》的泛论书法的拙文，其中一段是讲汉字真、行之体结构中的"黄金分割律"问题，现在略谈一下。

旧日流传的"仿字本"有两种：一是"九宫格"，每个小格一般大，中间一格算是中心；另一种是"米字格"，中间交叉点是中心。用这类的格纸写字时，竖长的字最下边的笔划常常挤到格外。我试用透明的薄纸，全篇划上同样大的小方格，把它罩在碑帖的名家字样上，然后把每笔按着帖上的笔划延长，看交叉点在哪里，有几处？测量许多不同结构的名家的字样，得上一项结果：即：一个大方格中横排十三格、竖排十三格。然后把中间三格圈出来，形状如下：

自 a 至上边是 5，自 a 至下边是 8。自 a 至左是 3（其余如此类推），都是 5 比 8。

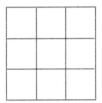
传统"九宫格"

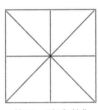
传统"米字格"

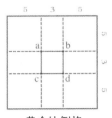
黄金比例格

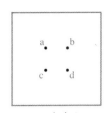
四个中心

汉字传统写法都是先写竖行，一行写到底再写左边第二行。竖行中的字，每字的 a 点都在一直线上，这一行的"行气"就连贯了。

这是两篇拙稿中的一些要点，在这里提出，以先求读者教正！

225

# 《何涵宇先生画集》序

何涵宇先生长我两岁，幼年在三阳金店打工，后来在国家银行中负责审查黄金成色，是一位多年的老专家。

先生生平喜好绘画，从王雪涛先生攻花鸟，有出蓝之誉。自己还不满足，告诉我说对于绘画的变化还自感不足。我曾劝他，以为绘画的风格的变化常有多方面的因素，一是由于多看古今名家的作品，受到自然的感染；一是与当代绘画名家往还，自觉或不自觉的受到不同风格的感染，这是一位画家作品风格变化的常见因素。但何先生还是严守王雪涛老的法门，而久久自有变化。这种变化，也不是由于后学主观所成，而是每位画家随着自己的历年工夫，作品必然有所变化。我这些拙见，颇蒙何先生接受。

我们睽违已有多年，但在展览会上见到何先生的作品真是日新月异。现在何先生遽归道山，家属和门生为他出版画册，属我题签、写序，在沉痛的心情中，写些当年的往事，也算是何先生绘画历史中的一段深堪纪念的往事吧！

二〇〇三年夏　启功　九十有一

# 《启功楷书千字文》序

　　"千字文"是南朝梁武帝时（约公元四六四年至五四九年），命人选了一千个不重复的字，按韵律编排书写的。历代的大书法家都相继书写过，并被人们用做儿童启蒙教材。智永写有一本"千字文"，写得很好，流传到日本，被嵯峨天皇收藏。嵯峨死后，捐给东大寺收藏，日本已有影印本流传。"文化大革命"时期的北京师大，师生按班、排、连的建制组织起来搞"运动"。当时，我被分配在一年级的一个班内，在楼下。钟敬文先生和夫人陈秋帆先生被分配在二年级的一个班内，在楼上。高智星同学是二年级的，他和陈秋帆先生一家关系很好。那时，我和同学们没事干就临帖、练字，因为写字比吹拉弹唱要好，不影响别人。我在楼上楼下各处写字，同学们也围绕着我写字，关系十分融洽。我写的这本，就是那时临习的智永千字文。高智星同学学习刻苦，练字也认真。他看见这本千字文，十分喜爱，我就给了他。居然被他珍藏多年，并准备出版。我写的字好坏是另一回事，与智永相差很远，但有人喜爱并出版，我感到光荣，也感到惭愧。现在国家特别提出学生要写好中国字，很重要，因为这是我们中华民族的传统文化，让小孩从小热爱和继承中国的传统文化，是一件很重要也很有意义的事。

启功　二〇〇四年十月

# 中国书画的优良传统

中华民族的艺术，是极其丰富多彩的，书和画，是我国广大人民所喜闻乐见的，有着悠久的历史。

书画在创作方法上，由于共同运用毛笔这种工具，所以在艺术效果上有着许多相通的关系，而欣赏珍藏的人，对这两种姐妹艺术，也常是一样看待，同等重视的。

中国的历史和艺术，不但成熟早，而且绵延不断，继承的关系，非常分明，某个时期什么创新，也是非常清楚的。它们都各有特色，都具有各自的魅力。

从画的方面看，上古的彩陶上的图案和图画，已足使人对它那种熟练精确的笔触，概括提练的形象，深为吃惊，往下看至今天的种种创作，还不难按着民族艺术发展的脚印，看到它的来踪去径。

战国汉初帛画的发现，使研究中国绘画史的人，推翻了以前的许多论点，把绘画的艺术成就提早了一千多年。汉唐墓葬的发掘，不但给考古工作提供了丰富的内容，即在墓壁绘画中，也焕发了古代艺术家创作中的奇异光彩。

唐宋纸绢上的绘画，流传下来的，还不甚少，无论是原始真本或是某一时代的摹本，它们的风格面貌以至笔墨技法，还都能使我们亲切地获得启发。

元明以来，画家们使用的工具材料，创作时的表现手法，从生活中选取的题材，作品完成后表现的效果，比起唐宋都有所发展。

到了现代，画家们在思想上、生活上与旧时代比起，都有着深刻的变化，反映在他们的作品中，无论水平高低都具有新的气息。

汉字书法是我国传统的民族艺术之一，也是国内外许多兄弟共同爱好的艺术之一。古代的甲骨上所刻的，青铜器上所铸的，竹帛上所写的，在数量、质量上，都是异常惊人的。唐宋以来更成了建筑上室内室外装饰的组成部分。

字体无论篆、隶、草、真、行，每个书家写来，各都具有不同的风格。年代方面上下包括了三千多年，作品的形式方面，大至若干丈的长卷，小至几寸的册页，各有它使人乐见的特点。

许多古代的书画家，除了专业的作者以外，还有大量的业余作者，有正直的政治家，有勇敢武将，也有文学家或诗人等。在封建时代妇女在政治上是没有地位的，但她们的书画创作却一样被当时和后世珍重保存，这也足以说明书画艺术在我们民族文化中是如何的尊贵。所以这种艺术流传了三千多年，始终不断，在今天广大群众对它爱好还是那样热烈深挚，这绝不是毫无来由的。

从前印刷技术不发达的时代，爱好者只能欣赏原作，而许多名贵的作品，又常被富贵的人所垄断。有的人偶然有一些藏品，又怕被人巧取豪夺，大多数秘不示人。于是无论爱好者的欣赏、学习者的借鉴，都具有极大的困难。印刷技术发达了，许多名作可以通过印本与观者见面，并且版面大小可以随意，大幅的可以悬挂，册中的可把玩。古代宗少文看画有"卧游"之说，现在我们的眼福已经远远超过宗少文若干倍了。但旧时代的印本中的作品往往真伪掺杂，质量不够完美。现在，北京文物商店宝古斋出版这本刊物，既介绍古代的书画名作，也介绍近代和现代书画家的作品，既介绍本店的藏品，也介绍各文物单位以至私人的藏品。既可供美术研究者参考，也可供书画爱好者的欣赏。不但是为"卧游"的人提供了方便条件，同时也是旅游者纪念物。

内容方面，多征求专家鉴定，力求不搀伪作。限于收集的条件，可能所选的作品之外还有更精更好的名作。又限于编者的水平，介绍评价，可能缺欠独特精辟的见解，而较多随波逐流的论点；都希望读者随时给予指正，也希望给我们提供更精更美的作品，共同充实这个刊物！

# 刘铁宝书法篆刻集小引

刘铁宝先生祖籍辽东，在北京又和寒舍比邻，是同乡里的朋友，相知可称最稔。他的胞叔冰庵先生是近代的篆刻名家，对铁宝先生青少年时在艺术上的爱好，有极深的影响。

冰庵先生去世较早，铁宝先生既长，又自勤奋攻苦，刻印博参各派，卓然自立，有如孙过庭所说：古不乖时，今不同弊，在今日印林中，占一枝之秀，可惜冰庵先生已不及见。

铁宝先生又从河间郭凤惠先生学书、学诗，我们都知道凤惠先生的书法宗何绍基，提笔中锋，作篆隶绝无斧凿痕迹。何氏的楷书，结体精严，左密右疏，虽黄庭经竟能使石上刻的痴冻蝇，展翅而飞，化作一只只的桐花么凤。这类奥秘，郭凤翁传自何氏，又授予铁宝，成为近代书派中一种别开的生面。

今年春季，刘先生展出他的书法、篆刻作品若干件，参观、欣赏的人无不惊叹，以为铁宝先生的艺术成就如此深厚！不难理解，他平日要求自己极严格，尤其不肯自我表扬，所以一鸣惊人，原是毫不奇怪的。

现在有朋友为他介绍出版者，将他展出的作品中再选精萃，印成专集，并嘱启功撰写介绍文字，因略记我对铁宝先生所知、所见。按铁宝先生的艺术造诣，绝非这里几行字所能概括的，读者在册中直接感受的，自会比介绍文字所写的要深得多、广得多、生动得多。这篇文字，可说是名副其实的小引而已！

一九九三年七月启功书于北京师范大学时年八十又一

# 《中小学书法辅导》前言

这本小册子是为中、小学生练习书写汉字时参考之用，也希望得到中、小学书法教师的宝贵意见。

常听到有人提出以下一些问题，这里简单地发表我个人的看法。

1. 有人问：练习写汉字是否必须从小学时开始，如没有"幼工"，年岁大了再练，一定写不好，这话对不对？

2. 有人问：写字规范，是否应从练毛笔字开始？

3. 有人问：练好用毛笔写汉字，是否宜写繁体字？

4. 用什么工具、临什么帖？

5. 练习书法应怎样写，有什么窍门？怎样用功，才有效？

下边试作回答：

1. 练习那些需要腰腿灵活的舞蹈或杂技，必须从幼年开始，年岁大了，便难学成。写汉字却不一样，只要有志学习，方法适当，不走弯路，即老年也一样可以开始练习，以至练好。

2. 汉字的规范化，是指笔划的形式、位置不错。例如"人""入""八""卜"要分清，"二""三"不能写成"二""三"。这种标准的错不错，和用什么工具去写无关，只要把每个笔划摆对就行了。毛笔写字，可以表现出笔划的顿挫、肥瘦的姿态，这好比骨骼和肌肉的关系，又好比人体和衣服的关系。不一定必穿肥大的袍子去练游泳。

3. 今天许多算作繁体的字，比起古文字已经是简化了的字。例如雨，古代作雨，里边有许多小点，现在繁体的雨字也只剩了四个点。又如雷，古代作䨻，下边有四个田字，今天繁体的雷字只剩了一个田。难道要练习写字，必须先写许多点、四个田，才能练好吗？再如我的名字启功的启，古字只作启，后来才写成啓、啟。又俨字，古代正有这样写法，后来才以儼为正体。所以汉字又不一定都是古繁今简。还有人以为繁体变化多，好看，简体一律笔划不多，看起比较单调，这也并不尽然。一个舞台上服装多样，忽聚忽散，固然好看。但一队军人列队行军，服装一律，步调整齐，难道就不好看吗？

4. 水路用船，陆路用车。写什么样的字便用什么工具。写大标语用钢笔，远看看不见。在课堂记笔记，又无法用毛笔，这是工具和用途的关系，在中国宣纸上可以用毛笔，也可用铅笔，但无法用钢笔，这是工具之间的关系。还有人喜用硬毫毛笔，就用紫毫、狼毫，喜用软毫毛笔，就用羊毫。写钢笔字，也有人喜用细尖，有人喜用粗尖，这又是工具和人的关系。总的说来，没有一定的绝对规格标准。

到底临什么帖，学什么体，更是随个人的爱好，颜字肥、褚字瘦，并不见得肥比瘦好或瘦比肥好。也没有什么绝对的规格标准。

5. 怎样去写？这倒有些必要的条件：一是必须规范化。如不管规范的标准，随意去写，写成的字，旁人都不认识或认识不准确发生误会，那岂不耽误事情。二是帖上的笔划的肥瘦尖圆，是运用毛笔过程中出现的自然现象，方齐的笔划，则是刻石时的刀痕，是刊刻出来的现象。我们练字时主要要注意笔划的方向、位置、比例、角度等等。骨骼的比例合适，肌肉和衣服或肥或瘦都好看，如果骨骼比例失调，肥瘦都不好看。所说方向是指撇向左下走，捺向右下走之类。位置是指亻氵在左，辶皿在下之类，比例是指二字上横短，川字右竖长之类，角度是指人字右边有两个角下一角大于上一角之类。

有什么窍门？窍门就是先注意笔划的方向、位置、比例、角度，也即是注意骨骼的合适，然后再注意肌肉衣服。用书法的术语说，就是先注意"结体"，后注意"用笔"。所说的用笔，一般指怎样写出笔划的姿势。如果姿势虽好而骨架不合理，也并不好看，所以应把注意结体放在最先。

行书是较快地写成的楷书字，笔划之间有连带处，它的骨架还是楷书。所以把楷书的基本骨架掌握后，快写慢写，精写粗写，都容易好看了。

所谓"功夫"，许多人误解为时间长、数量多。其实每天当作完成任务去写，不用心观察比较，只是一直写去，临帖等于抄文，即使每天廿四小时都写，写到几万张纸，可以断然说，必定愈写愈坏。功夫的真正意义，是准确性的养成，一次写准确了，二次三次以至多次都准确，成了自己的习惯，这才算达到了用功夫的目的。

# 吴镜汀先生江山胜览图卷跋

镜汀先生山阴吴氏，讳熙曾，字镜汀，生于光绪癸卯年（公元一九〇三）。冠岁前受业于金巩伯先生（绍城），习山水。金先生组中国画学研究会，延聘名画家任评议，协助指导青年会员，吴先生并得问艺于萧谦中先生（愻）。萧先生受业于其乡贤姜颖生先生（筠），姜先生专工王石谷画法，故吴先生于王氏画法研习最深。曾临王石谷真迹长卷，乃王派名手长卷，尤以临石渠所藏王石谷青山红树立幅为最精。功学画，初受业于宛平贾羲民先生（尔鲁），后经贾先生介绍，问艺于吴先生。十八九岁时以习作呈吴师，蒙加奖掖之后，喟然召功曰："余十八九岁时，艺事猛进，子今正当其年，宜自勉之！"功自愧垂暮无成，有负先师诱掖焉！

昔年曾见吴师草创一长卷，方至洪波浩淼，青山矗立处，迄今六十馀载，未及拜观全貌。一九九七年竟获于拍卖会上，并承翰墨轩主人许礼平先生为制版影印以广流传。此卷《江山胜览图》，作于壬申秋日，先生年正三十。其后曾婴末疾精神一时怔，经先生长兄念贻医师（寿曾）多方医治痊愈后，画格遂变，不复作石谷风格矣。

先生书学董香光法，曾见案头有董帖《释迦如来成道记》，为日常观摩之本。其题画每用小字，绝似石谷，盖石谷书亦宗董法也。先生年近三十，获识邵次公先生。邵先生博学多闻，尤擅填词，书宗褚派。吴师从之学词，不数日，即成《菩萨蛮》二十馀首，足见天赋相近者必有针芥之契。而吴师从此诗才大进。可惜遗稿盈册，身后与遗作宝绘，同付凋零矣。此卷题字已脱石谷面目，而近褚法，盖习染于次公先生，不觉腕下亦呈别境矣。

先生身后，遗物由画院变价，分与诸侄。二十馀年后，此卷经文物商店拍卖，为功所收，承香港翰墨轩为之出版，从此流布人间，镜汀先生六法绝诣，为之不朽！敬缀当年见闻，以告世之获鉴此卷者，并志礼平先生之高谊也！

弟子启功敬识时年八十又六

一九九八年初冬

# 实用各体书法通解

（暂拟题目，定稿时再详议）

（一）前言（此部分由启功拟稿）

前言部分，首先申明本书的编写主旨，并分条叙述学习书法的实用方法和浅显的常识。读者以初学书法和稍有初步书法知识的青年为对象，适用于中学生或大学生中稍有书法基础知识的青年。

编写方法，由浅近、普及到略深、略专门的书法知识。

世俗流行许多对于书写方法的谬说，或对古代传说的误解，本书尽力加以辨别、剖析。

关于"书法美学"理论，初学者不尽能懂，俱不引据。古代直至清代的一些有关书法的理论专书，或文词古奥、或譬喻抽象，除批判者外，亦不引据。

A. 什么叫书法

B. 世传古代书写方法，由误解而成的谬说

（如执笔法、悬腕悬肘、中锋、三指握管等等误解的批判。）

C. "文房四宝"说在今日的实用情况

（硬笔、毛笔在历史上曾起的作用和在今天的用途。砚、墨在今天的部分用途。用纸的问题。）

D. 学习书法的入门层次

（在今日实用上，当然以楷书为最应该掌握的基础，其次是楷书略加速写的行书。楷、行又都有一些须要掌握的基本书写方法和它们内在的起码规格。

自古以来流传的楷、行流派和代表名家名作，举例、插图。）

E. 草书的特点

（由隶书初步简化而成的"章草"，再进一步的"今草"，再放纵一些的"大草"。流派和代表名家名作的举例、插图。）

F. 隶书的名称和特点

（自古"隶"、"八分"的名称曾发生混乱说法，应予澄清。见拙著《古代字体论稿》

流派和代表作品，举例插图。）

G. 篆类的名称和流派

（择要举例，插图。许多纷繁名称的简析。见拙著《古代字体论稿》。）

H. 古代隶、篆写法的推测

（从古代墨迹上观测它们的写法，解释石刻、铜器上书法效果的形成。说明风格由于时代，不代表艺术的高低。自古各类字体，具有它们各自的艺术特点，同一写者的作品，也各有其优劣，并非古必优今必劣；又并非名大的作品全优，名小的作品全劣。）

I. 字体的繁简问题

（自古至今，各种字体都先简后繁，又由繁变简。今天推行的规范字，是政治法令问题，当然必须遵守，至于它的书法，仍然是横竖撇捺等等的基本法则。所以在今天遵写规范字的同时，与练习传统的基本书法并不矛盾。至于草、隶、篆体，今天作特种美术字体来学、来用，与遵写、遵用规范字并不矛盾。）

J. 学习书法的方法

（摹写或临写是学习、巩固的普通方法。传说中的"读帖""意临"等等说法不切实际。）

K. 汉字书法艺术中"黄金率"的分析

（从写得美观的楷书中，探测得"黄金分割"的规律，推而至于行、草、隶、篆，也各有它们的共同之处。这里浅近地举例说明。）

以上分条论述的，只是为举出要点、破除误论谬说的扼要提纲。至于各体的专题专册中，尚有专门的详论，与此处并无矛盾，也不是重复。

# 书法教材编写提纲

## 1. 前言

简述缘起：国家教育委员会为了建设精神文明，提高书法修养，指示由北京师范大学组织人力进行编写教材，以供大学本科初年级及中小学书法教师学习参考。由于争取早日出书，不使购书人负担过重，编法以简明扼要，介绍基本知识、基本方法为主。希望本书内容较全、分量较轻、书价较廉，以后加深加细，续出专题续卷。

## 2. 凡例

A. 说明三大主要标准，即科学性、通俗性、系统性。

B. 说明此是学习书法入门阶段的读物，只讲基本知识，先不讲书法在美学上的种种道理。希望通过本教材，能收到实用、速效的结果。其他深一步的专题，或有关研究讨论的问题，俱另编续出专题专卷。

C. 说明书法流派较多，各流派所习用的方法和崇尚的标准常有不同，此书暂按本校教学实践中，较有明效的方法和标准来编，以后可以再作各家、各派、各学说的介绍，作专题专卷续行编写。

D. 说明此是教材性质的参考读物，以普及为主，纸张、装订等不求高标准，全书的字数、图数分量避免过重，以便易买、易读。

## 3. 内容一：基本知识

A. 字体发展沿革的情况：以"篆、隶、草、真、行"五大类为纲领，每大类说明它的通行时代和形状特征，并举典型作品，加印插图。

B. 今日学习书法的意义：有益美育的陶冶，表现文化素养，提高书写水平，最少也有益于书信、文稿、板书的清晰美观。

C．工具的说明：纸笔墨的观念，不限于旧时代"文房四宝"、"宣纸、湖笔、徽墨、端砚"的框子。本书只说明各种工具的基本特点，并可说明古今已有所不同。今日的铅、钢、圆珠各种笔以及板书的粉笔、泡沫笔等（可称单线笔）和毛笔的异处、同处。异处是弹力的有无，同处是写出的汉字结构相同。值得介绍的办法是用单线笔临写字帖，学写每笔的中心骨干，写成即是钢笔临的帖字（此点在今日值得加强介绍）。

D．纸、墨、砚的问题，古代工具的局限性，今天的发展，传统办法的批判吸取。

E．初练字，勿专用好笔好纸。

4．内容二：流派介绍

A．以真、行二大类为重点。古来字体品种甚多，前已举过篆、隶、草、真、行五大类，现在还在日常应用中占绝大比重的，要数真、行二类（即简化字仍在二类范围中）。本书即先介绍这二类中的重点作家和作品（此部分介绍以插图为主、说明为辅）。

B．真书类中，以欧、褚、颜、柳、苏、赵为重点。各选其重要作品。

C．行书类中，以王羲之、李邕、米芾、赵孟頫为重点，各选其重要作品。

5．内容三：练习方法

A．工具的使用方法：执笔法，用笔（又称运笔）法的实际有效方法，破除傅会玄虚的旧说。

B．结字的重要性，在使用毛笔时，笔的弹力与结字的辨证关系（单线笔即更突出结字的重要性）。

C．学习好帖的作用，如练器乐的练习乐谱，下棋的练习棋谱，是吸取前人优秀成果和先进方法，以免多走弯路。

D．学习优秀的字帖，有影摹、对临、背临、读看等等办法，初学可以影摹、对临、再背临，三者结合或轮换着作，读看是从容欣赏，不限时间，也没有定法。

E. 用透明纸或薄膜，蒙在帖上，每笔画出中心细线，再用纸蒙在已画出的细线上反复练习，既有益于用毛笔时的结体，也作了单线笔写字的练习。

F. 解释毛笔写出和刀刻拓出二者实际效果的不同，学习者要能分辨刀痕和笔痕。

G. 工夫不是单纯的练习时间长，也不是盲目的写字数量多，而是熟练后得到准确的效果。也不在必须"幼工"，真得法，中老年开始习字，也能写好。如方法不对头，即从幼年苦写，也会一无成就。

H. 各种行格的介绍：方格如九宫、米字、五比八等式。竖格的写法"行距"问题，有图有说明。

6. 内容四

如有条件，可附印一二页彩版精品名作，以增加阅者的兴趣，起引人入胜的作用。如条件不足即取消。

# 程伯奋题辞

　　○○（程先生的家乡地名）程伯奋先生是近时收藏中国历代法书的一位大家，有一部《萱晖堂书画录》著录的专书，曾蒙惠赠。我读了那部著录，见到其中的藏品有许多是我曾见过的名迹，读起著录的书，如同得知许多位"老朋友"的住址。我心里立刻浮起两层感想：第一层是得知那些"老朋友"还健在，没有沦于劫火，感到安慰；另一层是又急切盼望和他们见面，重叙友谊。

　　今年秋初，得知日本国二玄社即将影印出版那部著录中的各件名迹，这个消息真使我无比地高兴，觉得许多位"老朋友"重相见面为时不远了。在此刻我虽还没见到影印本的全貌，但从二玄社看到的一少部分印刷样品，已经使我非常快慰了。

　　我们知道收藏家对藏品的积累，没有不是经过许多时间、费了许多精力、用了许多金钱，到了最后编成一套著录后，往往还有更新的发现，陆续的入藏，以致著录书不得不作"续编"、"三编"。另一方面，在已著录的名迹中，无论作品本身、旁人的题跋、自己的考订中，也常会出现一些需要增修改订的地方，又需要在后边的续编中提出补充，这是天下古今的常情，也是鉴定研究的不断进步。

　　古代收藏六朝隋唐的名迹，绝大多数已成劫灰，近三百年中的收藏，以《石渠宝笈》为大宗，但那是凭帝王的势力，国库的财力，到了今天，所存于人间的，恐怕剩不到一半。我们空拿着那么若干函的《宝笈初编》《续编》《三编》的书，望洋兴叹，其中绝大多数的书画名迹，只能徒见其名了。

程伯奋先生以个人的力量，收集宋元以来历代法书名作，只看目录，已经是洋洋大观。现在又经二玄社精印出版，使我们这些喜爱书画成癖的人，得以亲见目睹那些件名迹的真实面貌，这不能不感谢摄影、印刷的科学技术；又不能不感谢二玄社大力承担编辑出版工作。我们更不能不感到自豪和幸福的是，生当20世纪的人，享受到近代科技的赐予，见到这些名迹流传于世，益寿延年；同时不能不惋惜那些没得遇到现代科技即毁于劫火的古代法书名画，它们竟自无福和我们见面了。

因此我们值得向三方面表示祝贺：一向程伯奋先生祝贺，他辛勤收集的历代法书，从今化身千百，延寿多年；二向二玄社祝贺，他们精心出版，使得这些名迹广泛流传；三向社会上一切法书爱好者祝贺，凭空飞来若干古代法书名作，眼福之大，真出意料之外了！

启功 一九九五年秋日

# 《书法欣赏》引言

汉字书法艺术，不但在中国各族人民和用汉字的邻邦人民中具有深厚而广阔的爱好，现在还渐渐引起欧美艺术家的兴趣。可见他的艺术魅力，是不易估量的。

常遇到有人问起：书法究竟好在哪里，为什么那么可爱？我在难于立刻概括地、明确地回答时，不得已说：你多看就明白了。我也明知这个答案不能恰当符合那个问题的内容，但从解决问题的角度看，也未尝不能作了解书法的一种手段。

又常遇到有人问我：学书法宜学哪一家、哪一体、哪本帖？我的答复总是劝人到书店架上浏览各种碑帖，根据自己的爱好，买来临习玩赏。问者又常以为各种"字体"（包括文字种类，如篆隶草真；书写风格，如颜柳苏黄），有难易先后的区别，所谓先学哪种、哪家，然后再学哪种、哪家，才不算躐等而进。例如先学篆隶，然后才可以学草真；先学颜柳，然后才可以学苏黄，理由是先有篆隶，后有草真……我的回答是结绳早于文字，难道写字之前，先学用绳打结吗？从猿到人，难道小孩上幼儿园之前，先学猿猴动作吗？可见这类说法，流行虽广，但是并无根据的。

广泛浏览，从中选择。临习后兴趣不合，还可以再换其他本子。这种浏览，书店架上当然是最方便的场合，但旁边不一定有人帮忙解说，初学者只凭自己随手翻阅，有时不免发生茫无主见的感觉。

《人民中国》杂志为了提供书法爱好者浏览欣赏，特辟专栏，每期一题，介绍历代书体和名家名作。书体方面，从钟鼎文以下隶草真行都曾举例。流派方面，名碑如汉魏隋唐，名家自晋唐人以至最近的邓散木，都有介绍。每题图版一幅，可以说是"尝鼎一脔"，足知全味；介绍文字也以简明通俗为主。执笔者都是当代的名手，老专家和年青的爱好者，都有所撰写。如果用"短小精悍"来作评语，我觉得是极其恰当的。

自从一九七九年一月开始刊出，到一九八五年六月，已经有七十八题了。现在汇印成册，实是书法爱好者的一个良友。它对初学者，固然是最方便的参考资料，因为书店架上不可能同时具备这么多的样书。而图书馆的大部头书法资料，翻阅也不如这本小册的方便。即对书法专家来说，一本随身小册，信手翻来，也足收怡情悦目，温故知新的效益。

雷明先生是我的老友，他主持这个专栏，确实费了很多的心血，选题，组稿，有时还要帮助写稿人选些插图。因为每月一题，还要安排题目内容的变化，不使接连雷同，以增加读者的兴趣。这中间的甘苦，我是比较了解的。所以写这个短短的引言，除向读者介绍此册的内容外，还要介绍编者的甘苦，以便读者不但了解此册中各项特点，而且还可以了解这些特点是怎么形成的，阅读起来，可能更不枯燥吧。

短跋辑

# 短跋束辑

日本别传一本，号曰七条本，与李氏本应异，或是旧翻，或与李本同源，惜不见原本一校之。

亦或是翻印此本而变其行款邪？

观唐石本，知真草千文墨迹之果为永师真本也。见渐多，学渐久，始信多而疑少。虞亦人也，其手亦人手也，无何神秘！

（题日本《书范》杂志孔子庙堂碑专号封面）

昔在故宫博物院钟粹宫屡见展出此卷，但隔橱柜，无从量度。今见日本精印原寸彩色本，几与一丝不隔。以市尺度之，纸高八寸余，每纸有接缝印处，当是原纸横度，率长一尺三寸，剪失或断裂处不计。今市尺即清代裁衣尺，合三十三厘米又三毫米。

（孙过庭书谱影印本封面上题）

此明代金书藏文经，珍贵自为有目共睹，其书写缘起及经文内容，承中央民族学院王尧教授鉴定，读者心目豁然，诚足欢喜赞誉。王尧教授跋语以钢笔书写于稿纸上，保存不易，承马春怀先生以小楷誊抄一通，粘于函内，原稿珍重保存，与金经共传永久。功得预视，并校附名于末，信属胜缘，因盥手敬记。

时一九九一年秋日。启功时寓北京师范大学。行年七十又九。

（题泥金写本《八千颂般若经》）

十年浩劫之前，陪于思泊先生游厂肆，于廉价乱书堆中得日本津藩有造馆刻论语集解二册，犹是原装，其价一元五角。思翁回首见之，因述昔年展转买得叶郋园旧藏本，竟费银圆三十，乃瞠目谓功曰："你就捡罢！"叹其廉也，复相与大笑。此书虽上木较晚，而其底本实出中土古写，足与正平本相颉颃。惟此本已经重写移行，而正平本犹存卷子款式耳。正平本累经影刻影印，名殊烜赫，而此本难求，竟若晨星焉。一九八八年冬，永年先生来京游厂肆，以六十元获此二册，出以相示。复指其旧标之价，虽经擦改，依稀尚见一元五角之痕。论语之值，浩劫之前即已如是，足见书肆盖有所受之常规，永老今以一倍思翁昔日之价得之，而深用自幸，其痴其癖，可喜可敬，灯下命题，斯夕弥足珍重矣。

一九八八年十一月

（跋日本津藩有造馆本论语）

功于金石之学所知无几，曾为学书，略搜碑刻。至于鼎彝款识，如云锦天章各换异彩，钱币、印章之文字争奇于方寸之间，而妙趣无穷，虽心俱好之，顾力不逮，盖不徒无收购之资，亦且乏鉴别之识。今观贵忱同志珍藏古泉奇品，复读所撰《吴泉说》，豁然心胸，喜获多闻之益，爰志数语于后。

时一九七五年初夏，启功时居北京

（题王贵忱收藏《吴泉说》手卷）

王明清"玉照新志"卷三："石才叔，苍舒，雍人也。与山谷游从，尤妙于笔札。家蓄图书甚富，文潞公帅长安，从其借所藏褚遂良圣教序墨迹一观，潞公爱玩不已，因令子弟临一本。休日宴僚属，出二本令坐客别之。客盛称公者为真，反以才叔所收为伪，才叔不出一语以辨，但笑启潞公云：'今日方知苍舒孤寒。'潞公大哂，坐客赧然。"功亦尝于广坐中抱才叔之感，偶读此文，为之浮白。因镌小印曰"孤寒长物"，以钤所得零缣断墨中，见者以为过激。然余周岁失怙，不为不孤；祖业凋零，不为不寒。非以讥薄俗，亦自家策励之端也。至于才叔笔札，流传绝鲜。黄长睿"跋刘次庄戏鱼堂记后摹本"曰："石苍舒书，虽有骨气，而失于粗俗，视刘远矣。"语见"东观馀论"卷十。陶九成"书史汇要"亦以粗俗目之，其说盖沿自长睿。后见石渠旧藏神龙兰亭，旧题以为冯承素所摹者，刻于三希堂帖中，墨迹亦有影本。其帖后才叔跋尾二行曰："仇伯玉、朱光庭、石苍舒观。元丰五年四月二十八日。"笔法在欧褚之间，绝不见粗俗之态。以视同卷中许将、李姑溪、王景修诸跋字迹，则雅饬且有过之。岂长睿亦尝厕潞公之座者耶？何其立论之诬也！此跋才叔名上钤朱文"容德乃大"一印，亦见其所养之醇，而余前镌小印，愧失之隘矣。

（笔记一则，约在二十世纪五十年代）

右明季史忠正公可法与薛韩城牍稿一通，装为方策六叶，后有沈氏云、张氏熊跋尾二开，盖长沙李文恭公星沉奕世传宝之剧迹也。旧藏嘉禾钱文端公陈群家，有王氏澍、翁氏方纲诸公长跋，见文端之孙衍石先生集中。久历灾乱，仅存牍稿，为文恭所得。递传四世，至公玄孙李海先生，珍护弥谨。复丁"文化大革命"十年，此册为人抛于垃圾堆中，盖见其纸色晦暗，挖改零落，以为废纸，而幸逃劫灰。李海先生倩人重加装背，顿还旧观。谨按原稿涂乙之字甚多，初见以为必有清代所忌之语故为后人删剪者。谛观字句衔接，并无缺失处，乃知实为市买病其零乱，凡涂改墨圈，俱经挖去。欲见整洁，翻成疴瘰。因忆昔年曾见郑板桥小楷书昆曲一折，映光视之，每行之右有斜行小孔极多，乃挖工尺板眼所遗痕迹，与此册之弊正同。又沈跋历举稿中所用古字，如虏字用卤、常字用尝、由字用繇等等。按明代帝名，初无所讳，永乐大典中棣字已写，复用墨涂去，足见追改之迹。至于季世始多避改，如常之作尝、由之作繇是也。惟此稿中虏之作卤，却与清人所忌无关，亦非明初因憎元朝而以原代元之比。稿中言叛军虏略，乃言明军叛卒，故卤之代虏，以示内外不同，免人误为清人深入来略耳。故兹为拈出，俾后之观者勿以此字或疑此稿为清代临摹避改之副本焉。

公元一九九四年孟冬启功敬识时年八十又二

（跋史可法与薛韩城牍稿）

日本国学者水上静夫教授，于汉字历史及其艺术性之研究，功夫深厚，常有特出见解，执教高等学府多年，行将从群马大学退休，因将其近撰《甲骨金文辞典》刊行问世，以为纪念。甲骨金文为中华极古文字，禹域学人非专攻者，亦难尽通，而水上教授探究富有创获，浅学如启功者惟有钦仰。教授虽到高龄而勤奋著述，不殊壮岁。此因教授长寿之征，而后进之士，尤将获得教益，是可庆也。

一九九二年元月

（《甲骨金文辞典》序）

与吾伯简先生别十二年矣，于拙画之嗜不减。曩昔嘱写云山小幅，稽迟未报者又将三载，适见檀园真迹有二米遗韵，因天行先生东行之便，临以奉鉴。拙笔无足赏，惟云树苍茫聊以纪白云苍狗之变，并以寄暮云春树之思，云尔。

戊子中秋后三日，元白启功识于燕市北城之紫幢寄庐广陵戈湘岚先生，近代艺苑之巨擘也，师事赵叔孺先生，尤长画马，惜年寿不丰，遗作多未题识，此春郊八骏即其一焉，藏家嘱为补识，因书赗上，得者宝之。

（跋戈湘岚春郊八骏图）

此秦涧泉学士极精之真迹也。学士名大士，字涧泉，号鲁一，又号秋田。江宁人，乾隆十七年壬申恩科一甲第一名登第，世称状元者。授修撰，官至侍讲学士。盖与卢文绍、钱载、梁同书、翁方纲、谢墉、博明同科入词垣者也。此册韵语联翩，书备四体，虽微具乾隆朝馆阁风气，则时代使然，岂能独责贤者。究竟点画精工，绝无丝毫毁瓦画墁之心，斯足重已。况迥非后学所易企及之学养哉。

公元一九九三年夏正癸酉正月二日，

获观因识，珠申启功，时年八十

（跋秦大士韵语册）

江西奉新县奉先寺藏八大山人小照一幅，去岁由其县政府移交北京文物局，曾获一观，匆匆记其数端。像为纸本，中挂幅，墨笔写立像，大领广袖而戴竹笠，面如削瓜。眉宇疏朗，修目多白，双瞳极小。幅中白题若干段语，多离奇不可解。幅之正中上端，有饶宇朴题一长段，而行间钤弋阳王孙一印，适当全段中间，覆盖文字之上，殆山人所自钤者。右上端自题个山小像四字，续题曰甲寅蒲节后二日，遇老友黄安平，为余写此，时年四十有九。下钤传綮、刃庵二印。又戊午中秋月自题一段，有没毛驴、初生兔之语。又一题自署传綮，饶宇朴题略云：个山綮公，豫章王孙，贞吉先生孙也。少为进士，业戊子，现比丘身。癸巳遂得正法于吾师耕庵老人云云。其中贞吉先生之下，原有四世二字，原圈去之。题识未能全录，而有关考订者亦止于此。而山人身世，生年约略可知矣。曾建言摄影流传，以供研究绘画史者之参考，未知何时得副所愿也。一九五二年岁次壬辰，农历六月初一日，启功书于所临画卷之尾。山人四十九岁时书，细秀圆熟，纯是董香光法，渐晚渐方硬，而古劲之笔皆暮年作也。按甲寅为康熙十三年，戊午为康熙十七年，戊子为顺治五年，癸巳为顺治十年。

甲寅年四十有九岁，应生于天启六年，丙寅。如以周年计岁，则当生于乙丑。至于初生兔之语，殆以中秋月之故，岂生于中秋日耶。戊子出家时，廿三岁。受法时廿八岁，邵青门记山人出家又复还俗，此戊午题中尚称没毛驴，是五十三岁时尚未还俗。青门称山人弱冠遭变，盖指甲申，上推廿年，实为天启五年，知山人四十有九岁之题，盖自以周年计岁，而青门所计却非周年也。

（题临本个山小像）

252　拙笔题写书签三十六条，孙恕同志自印刷厂拾得，粘于素册，嘱为补钤名印。赏音可感而令我增愧，因志册尾，以纪墨缘。

一九九八年四月二十日，启功时年八十又五，目疾未瘳，书不成字

（跋书签集册）

颜鲁公书竹山连句，绢本原为大幅，南宋初已破碎，高宗时剪装成册，有米友仁跋。鲁郡公之字绢未剪开，论者以其无开国二字与碑版不同，遂疑其伪。米芾题兰亭诗云："寄言好事但赏佳，俗说纷纭那有是。"请为颜书此本诵之。

（跋竹山连句）

宋人评法书真伪，只论字形的艺术风格，不论其纸墨是否实出书者亲手。今按曾纡所称，自叙有三卷，必然包括摹本在内。因无论任何书

家，自己重抄一文，叠纸观之，断无密合无异之理。三卷中即使有原迹在，亦只为三者之一，若无原迹在内，则三卷俱为摹本矣。

今观墨迹大卷与宋刊苏氏跋本，笔锋出入，轻重全同。以孙过庭论"默画""使转"之喻观之，可谓有只见使转之纵横，不见默画之狼籍。再以绢本之《苦笋帖》，古摹之《食鱼帖》较之，可见墨迹大卷与苏跋底本，俱出钩摹，甚或俱出摹者。

此唐初写经，首尾万千字无一懈笔。昔人以写经为功德，窃谓即此定力，已足自登宝筏矣。此为法华第七卷后半，原卷例有尾题，此惜残失。然观笔法精严，世字不阙笔，必为显庆以前写本，正不待尾题年月始堪为证也。卷前经水糜烂而装裱极精，亦可珍重。

公元一九九二年孟夏

右文衡山行单书欧阳永叔醉翁亭记一卷，卷尾署嘉靖乙卯，盖八十六岁之作。笔力遒劲，结构精严，诚可珍爱。惟其中不无脱误之字。宴酣之乐，宴字笔驶成寅。游人去而禽鸟乐也，去误为者。然而禽鸟知山林之乐，脱而字。醉能同其乐，脱醉字。虽然并无碍其妙墨也。功学问艺能，仰视衡翁，固不啻霄壤之判，即以年事言之，视翁书此卷时尚少二十三岁，而精力衰减，涉笔讹舛更有甚者。观此惕然，知所自励。

时公元一九七四年夏日

寒玉堂主人手钩怀素苦笋帖真迹至宝。苦笋真迹，昔藏萃锦园。寒玉翁曾手自钩摹，所见不下三四，且曾上石，拓本已如星凤。此精钩手泽，所存弥可宝也。

启功敬题

思翁以灵飞经质于陈增城，取赎时其子窃割一段，见钱某溪履园丛话，即此四十三行也。此本不知谁刻，笔锋结体尚不失真，在通行渤海藏真滋蕙堂诸本之上，且自上清六甲灵飞隐道云云以下十二行有半，为诸本所无，即某溪所谓欲专刻十二行以还旧观者。十二盖举成数，或版误耳。戊寅夏日偶得两本，因以其一奉贻贡扬词丈，当博一粲。

后学启功并识于苑北草堂雨窗

洛神十三行，以玉版本为贵。玉版有二，此世所称碧玉本，点画风神俱胜。别行所谓白玉本，实复刻也。此石今藏首都博物馆，石色黝黑，美谥碧玉耳。此纸拓墨匀净，字口精确，临池取则不啻墨迹，弥堪赏玩也。

一九九六年元月，启功观识

白石道人韵语，不减放翁，于南渡诗人中宜居上选。吴公龙友喜其绝句，一再书之，此卷尤为得意之笔。

公元二千年十二月卅日北来见访，出此相示，喜为题后。

目眚未瘥，书不成字，启功时年八十又八

眼底石头真可拜，倘容袍笏借南宫。此安吉缶翁吴先生自题乡居诗句也，俨老为龙兄画此，因书此二句。惟二句值得一题，启功再拜。

林文忠公手札真迹。钟君志森英年笃学，于文忠林公尤深仰慕，曾以瓷料雕塑公之遗像，神采精严，观者起敬。今获手札真迹，为沈公慈护旧藏，什袭瞻对，足慰仰止之心。出示嘱题，因书其后。

一九八八年夏日，后学启功敬题

赵松雪记所见定武兰亭，五字未损本有三：一曰谭崇文本，二曰赵子固本，三曰自藏蠹损本。其十三跋之独孤本为五字已损者，故不与上三本并论。翁覃溪跋独孤本残字后云：松雪独以谭崇文本为三本之甲，乃不言及独孤本者，何也。此老可谓不知类也。

八大山人早岁之画，绵密精严，其款多署传綮，盖现僧伽身时也。中岁笔势纵横，渐多方折，有时虽画鹰睛鱼目，亦或方如棋局格子。是时署款，八字如双矩相背。及至暮年，又复圆浑不见圭角。此卷为中年之作，墨痕稠叠，笔思飞腾，乃渐近于方，尚未造极时。后纸略短于前，知后半已为人割去另装，款字因之遂失，不得证其双矩相背之八字。然鉴者望而自知，无碍其为真迹也。

一九七五年稿夏获观因题

阁帖复刻，何止千百，必以泉州为巨擘。永春再复，仍具典型，盖尤南宋之国工也。此残本白麻纸拓，墨色湿润而笔势可寻。披玩数月，以肃本对玩，觉更有胜于温如玉摹手处。奉还靖宪同志，幸珍袭也。

王觉斯临阁帖，一如自运。此帧尤其快意之笔。吾素爱觉斯书，收其真迹之轴，独未得草书真迹，见此不胜艳羡。

己卯秋日，启功识于燕市寓舍，时目疾未瘳，年周八十又七矣

论印派于三百年来，大抵不外徽浙二宗。一九八二年游西湖，刘江同志出示所治印，镕徽浙之长复畅以蜀江气魄，印林新面，于斯以开。获观欣幸，因书册后。

蝶叟于明季作家中允推巨擘，行世之笔山水最多，花卉次之，人物最称希见。惟晚年酬应之笔，荒率甜熟，竟成习气，遂不免贻人口实。此卷写仕女，仪态娴雅，笔意简古，不减南宋画院名手。曾见浴砚图，与此卷法度正同。浴砚署年己亥，其笔法谨严，不同习见颓唐之作。此署己酉，尤前彼十年，无怪其明秀如斯矣。蝶叟诗句无一传者，世几以俗匠目之。今观所题长歌，亦复精能，称其画格。昔贤才艺讵可限量耶。黄瘿瓢诗饶风致，亦惜罕传，并为拈出。

庚寅二月借观旬日，因识其后

右潘莲巢所画短卷，盖大千居士游戏之作。公输技痒，偶雕楮叶，所谓忍俊不禁也。此实先有梦楼诗卷，大千翁即其尾纸作图，而重装于前，题字尤是曾李余风。通天神狐，醉则露尾，观之令人为之拍案。今张公往矣，遗墨价过兼金，虽十卷莲巢殆不可易。世人每以真伪二字论值，于斯绝品，又将如何评估邪。

一九八七年夏日，启功